沿著海濱走，台灣60個最美樂活景點

Clare 文・攝影

目次 Contents

004 作者序　跟著我到海邊放空去！

006 **第一篇　北台灣**

008 【新北淡水】漁人碼頭～彷彿來到國外場景

011 【新北淡水】紅毛城～來淡水必訪的古蹟景點

015 【新北淡水】小白宮

017 【新北淡水】滬尾砲台 ‧ 一滴水紀念館

021 【新北八里】十三行博物館 ‧ 文化公園

024 【新北八里】左岸自行車道

026 【新北石門】老梅石槽

028 【新北石門】石門風箏館與風箏公園

031 【新北石門】白沙灣的邂逅

033 【新北金山】金包里老街巡禮

037 【新北金山】舊金山總督溫泉

041 【新北萬里】金湧泉 SPA 溫泉會館～別有洞天的度假村

045 【新北萬里】野柳地質公園～欣賞女王頭的倩姿

048 【新北萬里】翡翠灣福華度假飯店

051 【新北萬里】龜吼漁港 ‧ 港口魚舖

054 【新北瑞芳】陰陽海、十三層遺址、濂洞國小

057 【新北貢寮】龍洞四季灣～海上游泳、潛水、賞海景

059 【新北貢寮】福隆海水浴場

062 【新北貢寮】三貂角燈塔～國境之東

064 **第二篇　中南台灣**

066 【彰化芳苑】王功漁港

069 【彰化鹿港】台灣玻璃館

071 【台南七股】台灣鹽博物館 ‧ 台灣鹽樂活村

074 【台南市】四草紅樹林綠色隧道

078 【台南市】安平樹屋 ‧ 英商德記洋行

081 【台南市】安平古堡～看一部台灣史

083 【高雄旗津】從真愛碼頭到旗津～旗津走逛

086 【高雄鼓山】西子灣紅毛城～打狗英國領事館官邸

089 【屏東枋山】景觀咖啡廳「魔幻咖啡」～悠閒看海、聽海濤聲

092 【屏東牡丹】旭海大草原

094 【屏東恆春】關山～俯瞰恆春縱谷 & 台灣海峽

096 【屏東恆春】瓊麻工業歷史展示區

100 【屏東恆春】台電南部展示館

102 【屏東恆春】貓鼻頭風景區

105 【屏東恆春】後壁湖漁港～海景、海鮮皆
　　　　　　　　誘人

108 【屏東恆春】大光海灘～後壁湖海洋資源
　　　　　　　　保護示範區

110 第三篇 東台灣

112 【宜蘭頭城】大溪漁港～新鮮、豐富多樣
　　　　　　　　的魚貨

114 【宜蘭頭城】外澳服務區

117 【宜蘭五結】國立傳統藝術中心

123 【宜　蘭】搭船遊冬山河～台灣最美的鄉間
　　　　　　　　河道

125 【宜　蘭】冬山河自行車道騎車去

128 【宜蘭蘇澳】無尾港

131 【花蓮新城】七星潭～來花蓮必訪的景點

133 【花蓮新城】七星柴魚博物館～復刻洄瀾
　　　　　　　　漁史風采

136 【花蓮市】花蓮外海賞鯨豚

139 【花蓮壽豐】海中天會館～欣賞無敵超美
　　　　　　　　海景

144 【花蓮壽豐】牛山呼庭～台 11 線海岸公
　　　　　　　　路上的祕密基地

148 【花　蓮】長虹橋 · 石梯坪 · 芭崎瞭望台

151 【花　蓮】玉長公路 · 八仙洞 · 北迴歸線
　　　　　　　　紀念碑

154 【台東成功】石雨傘漁港，天然海水游泳
　　　　　　　　池～和軍艦、鯨魚一起游泳

156 【台東成功】三仙台風景區～美麗的台灣
　　　　　　　　淨土

160 【台東成功】新港漁港看魚貨拍賣～旗魚
　　　　　　　　多得嚇人

164 【台東成功】成功漁港出海賞鯨、看日出、
　　　　　　　　欣賞三仙台美景

167 【台東成功】新發海產店～宋媽媽老店魅
　　　　　　　　力無法擋

169 【台東成功】東海岸風景區管理處 ── 旮
　　　　　　　　旯樂團

172 【台東東河】東河部落屋

175 【台東東河】都蘭月光小棧 · 新東糖廠
　　　　　　　　· 都蘭山寶石館

178 【台東市】伽路蘭遊憩區～看海、沉思

180 【台東市】森林公園 · 琵琶湖

183 【台東綠島】牛頭山～踩在牛背大草原，
　　　　　　　　感受 360 度被大海環繞的
　　　　　　　　感覺

185 【台東綠島】朝日溫泉 · 帆船鼻

跟著我到海邊放空去！

這幾年我幾乎走遍台灣最美的海岸線，從台北出發，最遠的台東海岸、屏東恆春半島海岸、花蓮海岸都曾令我留下深刻、美好的回憶，加上鄰近的北海岸與東北角海岸，這些地域構成了台灣最精華、美麗的海岸地帶。台北近郊的北海岸與宜蘭海岸則是我常帶兩個孩子走訪的地方，孩子總是喜歡在海灘上挖沙、堆沙堡，而我則可以藉此和妻子享受片刻的寧靜，看海、閒聊，別有另一番樂趣。

從山林寫到海濱，視野、心胸的轉折，隨著滔滔的海波，讓我有了更多人生體認。看山與看海是完全不同的感受與心境，而面對大海的無盡，更能將蟄伏的心情釋放，漫遊於無拘無束的空間；靜靜的聽海濤聲，彷彿一曲曲陶冶心靈的樂章，可以讓受創的心靈療癒。

我常在旅行中，透過當地人的帶領與推薦，挖掘到相當多台灣優美的私房景點，豐富了我的人生視野，更成為我旅途中最大的收穫。我希望透過記錄與分享，讓更多人跟我一樣有發現台灣之美、體驗真實出眾的台灣機會，也讓大家由知道邁入了解，更歡喜、深愛這塊土地。

《沿著海濱走，台灣60個最美樂活景點》不只有花東海濱，而是集結我走訪過的台灣各地海濱景點，兼顧我的旅遊寫作習慣，不僅在圖片的呈現上要求精緻，文章內容更盡量追求詳實，放入更多體驗心情描述，希望讓國內、中國大陸、香港、東南亞與歐美的華人讀者，可以看到多元的台灣海濱景點特色，作為引領大家深刻了解台灣海濱之美的旅遊指南。

最後，同樣要感謝我的妻子與兩個孩子一路相伴，在旅行的過程中多了更多溫馨的元素，也讓這本書的內涵更加充實。

Clare

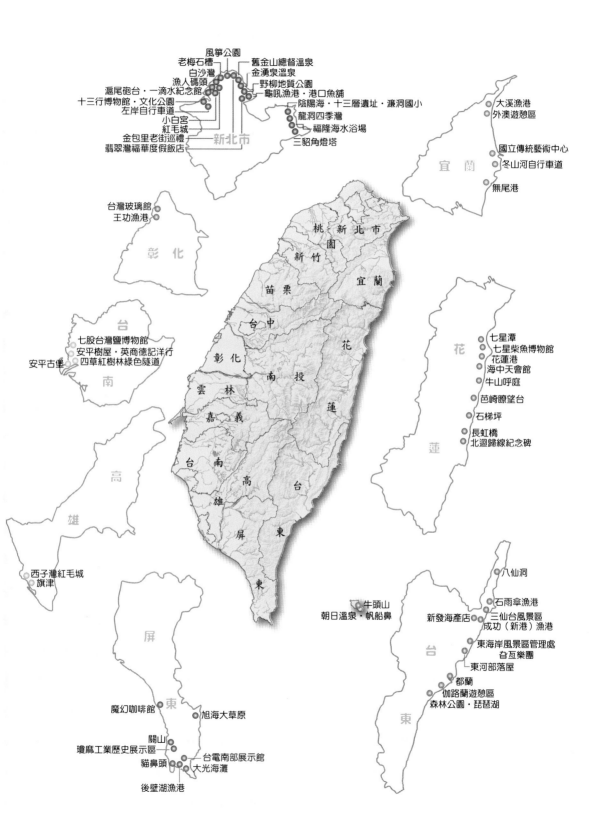

風箏公園
老梅石槽
舊金山總督溫泉
白沙灣
金湧泉溫泉
漁人碼頭
野柳地質公園
滬尾砲台・一滴水紀念館
龜吼漁港・港口魚舖
十三行博物館・文化公園
陰陽海・十三層遺址・濂洞國小
左岸自行車道
龍洞四季灣
小白宮
福隆海水浴場
紅毛城
金包里老街巡禮
三貂角燈塔
翡翠灣福華度假飯店

新北市

大溪漁港
外澳遊憩區

國立傳統藝術中心
冬山河自行車道

宜蘭

無尾港

台灣玻璃館
王功漁港

桃園　新北市

彰化

新竹

苗栗

宜蘭

台中

花

七星潭
七星柴魚博物館
花蓮港
海中天會館
牛山呼庭

七股台灣鹽博物館
安平樹屋・英商德記洋行
四草紅樹林綠色隧道
安平古堡

彰化

南投

蓮

芭崎瞭望台

石梯坪

雲林

嘉義

長虹橋
北迴歸線紀念碑

台南

高雄

台東

高雄

屏東

西子灣紅毛城
旗津

東

八仙洞

牛頭山
朝日溫泉・帆船鼻

石雨傘漁港
新發海產店
三仙台風景區
成功（新港）漁港
東海岸風景區管理處
卡片樂團
東河部落屋

台東

都蘭
伽路蘭遊憩區
森林公園・琵琶湖

魔幻咖啡館

屏東

東

旭海大草原

關山
瓊麻工業歷史展示區
貓鼻頭
台電南部展示館
大光海灘
後壁湖漁港

Chapter 1

北台灣

新北淡水

漁人碼頭

彷彿來到國外場景

來過淡水漁人碼頭，千萬別再抱怨台灣沒什麼優美的海港與海景，如果你置身在這裡，仔細聽聽、看看，走在海堤邊或是淡水觀光漁港上的跨港大橋上，盡是亞洲其他國家的觀光客，韓國人、日本人、香港人、馬來西亞人、新加坡人、大陸人，甚至西方面孔，他們早已把這裡當作來台灣必訪的朝聖地。

很多人或許聽過這裡、來過這裡，但是大多數人的記憶裡可能還停留在幾年前的淡水漁人碼頭，如今看到這樣的場景或許會相當驚訝，這裡怎麼變得這麼多？變得更乾淨、更漂亮！

屹立在淡水漁人碼頭區內的兩棟歐式建築，是 2011 年 5 月開始營運的福容大飯店，大大地增添整個港區的美感，也讓這裡的景觀煥然一新，看似頗有國外場景的感覺！許多攝影同好爭相來此取景，而遊客也不再只是捕捉這裡的夕陽與夜景，更被這兩棟建築與停泊在漁港內的小船

筏給深深吸引。來到這裡，好感動自己就在台灣！

　　福容大飯店三角尖頂鐘樓，看來外型簡樸，卻襯托出整棟建築的美感，也讓漁人碼頭港邊呈現絕佳的面貌。住宿大樓就像一艘停靠在海邊的輪船，高聳的船桅像一根大煙囪，上下移動的密閉式觀景台，可以讓遊客親臨觀賞淡水河口的美景。從飯店前廣場望去，感覺有如來到莊嚴的古典建築區，這種畫面在台灣很難見到！

　　除了福容飯店的美麗建築外，來到漁人碼頭更有豐富的海產、小吃美食，不管在觀光漁市大樓裡，或是在海堤步道下方的美食攤，都可以找到淡水當地特產與浪漫、悠閒的景觀餐廳，讓人一整個 high 到不行！

　　假日的街頭藝人與音樂表演，讓這裡多了份熱鬧氣氛，迎合各種遊客需求，讓這裡的環境呈現更多不同面貌。碼頭外河海交會處景色宜人，對岸的觀音山更增添這段海岸視野的美妙！

　　碼頭的黃昏更是浪漫，找一個寬敞的角落，情侶坐在岸邊欣賞落日餘暉，

感情肯定會急速加溫，這種景
致所呈現的步調讓人著迷！

　　站在跨港大橋上，視野特別好，俯瞰漁港全貌、觀光渡輪進進出出的景象，
頗有國際觀光景點的氣勢。漁人碼頭的夕陽和夜景是來此遊客最期待的，淡水
暮色幾乎就是美景的代名詞，來這裡找個角落，看火紅的太陽落下，心中一定
會有莫名的感動！而當夕陽西下，碼頭裡的燈火亮起，又是一種不同的面貌，
可惜我急著返回落腳的民宿，改天若有機會可以在港邊的福容飯店住上一晚，
一定要好好欣賞這裡的夜景，想必更令人感動！

漁人碼頭

交通指南

○捷運與公車：搭捷運至淡水站，出捷運右手邊公車站牌搭乘紅 26（班次約 5 分鐘一班）。

○渡輪：可於淡水碼頭搭渡輪前往漁人碼頭。

○自行開車：經淡水中山路，接新生街、中正路一段、二段，過沙崙路交叉口後，循指標左轉，
　　　　　　約 2 分鐘可抵。

新北淡水

紅毛城

來淡水必訪的古蹟景點

　　來淡水的遊客，可以在淡水古蹟簡介的文宣裡發現，第一個介紹的景點便是「紅毛城」。淡水旅遊，除了傳統風的老街外，很少人會錯過這個遠近馳名、歷史悠久的古城堡。

　　由於建築與園區景色宜人，加上靠近淡水市區，從淡水捷運站沿著河堤步道一路走到底，拐個彎轉到中正路，便能來到這裡。園區免費開放參觀，讓這裡的假日總是吸引不少遊客前往，不僅是台灣遊客，許多亞洲遊客來到淡水，除了逛老街、河堤、漁人碼頭外，紅毛城也是必訪的景點之一。

　　淡水河口的建築防禦工事，可以追溯至 1628 年，當時西班牙人在這裡建造了一座木造的聖多明哥城（Fort San Domingo），雖然其遺跡已不復存在，但英文名稱仍被保留著，用來稱呼今日紅毛城整個園區。

今日矗立的紅毛城則是荷蘭人於 1646 年所完成的堡壘，荷蘭人稱之為安東尼堡（Fort Antonio）。由於當時荷蘭人普遍因其紅色毛髮而被稱做「紅毛番」，因此這座城堡也隨之被稱為「紅毛城」，並沿用至今。

英國於 1860 年代向清廷租借紅毛城，並修繕為領事館使用，於是紅毛城成為軍事堡壘與辦公室空間組合。現在從紅毛城堡壘仍可望見淡水河口的美景，尤其是二樓角落建造的哨兵亭，便可以清楚瞭望淡水河口。

這棟堡壘的室內展示空間不大也不多，從挖開的牆面可以看到建築本身的磚頭與石塊，歷史的痕跡展露無疑。展示區裡仍可見當年英國領事辦公時期用來銷毀文件的鐵製焚化爐、英國領事遺留下來的娃娃車。園區林木成蔭，在這裡常見有人悠閒乘涼，還有人練琴藝、嗓喉。從遺留的圍牆與石板椅都不難看出這裡的歷史悠久。

園區內另一棟紅磚、紅瓦建成的傳統英式建築，則是建於 19 世紀末的前清

英國領事官邸。傳統英式建築的拱圈迴廊，融合了中式建築的材料——紅磚瓦，但內部擺飾、裝潢則仍保留英國宅第特色，可以一窺領事當時的生活狀況，建築與高雄西子灣的打狗英國領事館官邸神似，都是台灣現存的美麗西式洋樓。

正面七組、側面三組迴廊大拱圈，規模要比高雄打狗英國領事館官邸還要大，看似一棟堅固的磚造洋樓。英式建築特色中的走廊圍以綠釉瓶飾欄杆，和高雄的打狗英國領事館用磚功所砌成的空花洞欄杆有些差異。

客廳陳設與布置就像傳統英式居家內的規格，現在國內許多英式餐廳都有類似的裝潢。仔細注意客廳地板的圖樣與花式，和官邸其他空間的地板有所差異，也讓客廳顯得更加莊嚴，增添氣氛、質感。書房的地板就比較簡單，是傳統台灣當地取材的大片紅磚，這種紅磚在台灣古老寺廟裡最為常見。

其他空間顯然經過整修，整體感覺，包括文物圖片展示，窗戶、地板色系

1. 英式建築外觀 2. 英式建築磁磚 3~5. 紅毛城內部展示

變化，可以眺望海洋、市區的視野，並沒有像高雄打狗英國領事館官邸精緻。從室內透過樓梯登上二樓，不復多見的樓梯木製欄杆、杆柱與扶手的復古風情，則是令人印象深刻！不一樣的建築風格，讓人有不同的視野感受，可以跳脫眼裡熟悉、習慣看到的事物框架，產生另一番不同的見識，這大概就是欣賞古蹟的最大收穫！

淡水紅毛城

- 地址：新北市淡水區中正路 28 巷 1 號
- 電話：02-2623-1001
- 開放時間：周二至周日（周一若逢國定假日，照常開放）室內展覽 9:30～18:00、戶外庭園 9:30～22:00（21:30 截止入館）。
- 休館時間：非國定假日周一、農曆除夕、初一及館方另行公告時間。
- 交通指南：搭捷運至淡水捷運站步行或搭紅 26 線公車可抵。開車者可將車子停放在淡水中正路滬尾漁港旁停車場，步行約 3 分鐘可抵。

INFO

小白宮 新北淡水

英式雪白建築，看起來就是那麼吸引人！我不只一次在台灣各地參觀過這樣的英式建築，在台南的德記洋行也和淡水這棟小白宮有類似形式。所不同的是，淡水小白宮屬於一層樓建築，從外觀看，很清楚可以看到亮橙的屋瓦，而白色的外牆更顯雪白，白橙相接色系令人視野為之一亮。台南的德記洋行屬於兩層樓建築，如果您仔細看，怎麼拍德記洋行，幾乎都拍不到它的屋瓦。整體外觀看來，小白宮雖然建構簡單，但更顯優雅俐落，加上前院觀景平台，可以眺望淡水河的山光水色，與淤積後的德記洋行周遭相比較，顯然更具優越條件。

淡水於 1860 年代初期開港貿易後，各國紛紛來此設立商行。清廷在淡水設立海關，並雇用外籍稅務人員負責海關事務，因此在 1869 年後，先後興建三棟海關職員宿舍。現今僅存的前清淡水關稅務司官邸，便是其中的一棟，因

建築牆面漆成白色，看似一座宮殿，淡水居民暱稱其為「小白宮」。

　　這裡位於淡水真理街的小山坡上，一旁便是同樣擁有百年歷史的淡江中學。一片雪白色拱圈造型圍成的牆柱是其建築特色，走在門外迴廊，可以看見一圈圈拱圈層次分明，散發濃濃的異國情調。這是個充滿醉人氣息的秀麗宅邸，坐擁淡水河的水色山光。來到這裡，您可以遊走於迴廊拱圈間，盡情的拍照，享受午後和微風徐徐吹拂，懷想百年前淡水河口商業的繁華盛況。

　　這裡的空間會不定期舉辦精彩的特展，更增添百年建築的人文氣息，來到此處可以接受濃濃的人文洗禮。前院一棵雞蛋花，傳說為英國人所種植，屹立於小白宮已近百年之久，是小白宮珍貴的自然資源。雞蛋花每年 6 至 9 月開花，花冠外部為白色、中心為鵝黃色，是提煉香水的原料。小白宮的後院空間很寬廣，也是個休憩的好地方，大榕樹屹立在此，陪伴過往的海關人員以及來來往往的遊客，目前仍持續在寫歷史，感覺是一棵幸福的老樹。

淡水小白宮
- 地址：新北市淡水區真理街 15 號
- 電話：02-2628-2865
- 開放時間：周二至周日（周一若逢國定假日照常開放）9:30 ～ 18:00（17:30 截止入館）。
- 休館時間：非國定假日周一、農曆除夕、初一及館方另行公告的時間。
- 交通指南：搭捷運至淡水捷運站步行可抵。開車者可將車子停放在淡水中正路滬尾漁港旁停車場，步行約 15 分鐘可抵。

INFO

滬尾砲台・一滴水紀念館

位於中正路小徑山坡上的「滬尾砲台」是一處可以緬懷歷史、追憶古人的古蹟，也能讓人更深刻體會淡水曾走過的歲月！它的位置就在老淡水高爾夫球場入口外。來淡水，若要探索古蹟、領略古蹟之美，除了紅毛城之外，「滬尾砲台」絕對是必遊的魅力景點。

這座砲台是 1884 至 1885 年中法戰爭後，台灣首任巡撫劉銘傳於 1886 年（光緒 12 年）聘請德國技師巴恩士負責督造，主要以西洋砲台為建築範本，劉銘傳所親題的「北門鎖鑰」門額至今仍遺留在入口的城池大門上。

砲台坐北朝南，是一座隱身在幽幽密林裡的砲台，形狀為矩形，整體建構由外而內包括：土坦、豪溝、子牆、砲座、被覆、甬道及廣場等。砲座及子牆由昂貴鐵水泥灌鑄而成，大砲於 1889（光緒 15 年）年安裝完成。砲台內原有四座砲座，於日本人占領台灣後，據說為應付鐵礦缺乏，便將該四座砲管拆除熔鐵製作兵器，因此目前的滬尾砲台砲管皆已不存在。當年砲台建造完成後，並未實際參與

滬尾砲台苦楝花

戰事，因此建築仍保存相當完整，據說這是目前世界少數僅存最完整的西式砲台建築，如此珍貴的遺產能保存下來，更是彌足珍貴。

日本占領台灣後，砲台功能喪失，砲台的土垣上開始種植樹木，也讓這座城堡內布滿綠樹，處處充滿了盎然的綠意。走在園區裡，可以感受涼風徐徐的舒適，和甬道內帶點陰森的涼意大異其趣。砲台土垣上種植的樹木又以苦楝花居多，每年4月苦楝花開所散發的香氣，正是這個季節裡園區內最引人注目的樹種。

廣場東側則種植一排老蓮霧樹，每當夏日裡蓮霧結果成熟期，樹上紅色果實結實纍纍，妝點出紅色系色彩，常吸引不少鳥類來此啄食，形成園區內另一項風貌。砲台建地裡，一年四季各有不同風情，4月苦楝花開、夏天的蓮霧、秋天相思樹上吱吱叫的蟬聲，還有冬天樹葉落盡，園區一股肅殺氛圍，四季裡

1. 滬尾砲台服務台
2. 滬尾砲台砲座區
3. 甬道通風口
4. 滬尾砲台砲座遺址
5. 滬尾砲台暫放彈頭的水泥模穴
6. 滬尾砲台展示區
7. 城池大門入口

展現不同面貌，哪個季節來，都有不同的體會，值得遊客細細品味！

　　內外牆之間有甬道相通為營房及彈藥房，目前整理出空間做為圖片展示。甬道內充滿涼意，若夏日來此，有避暑的享受。甬道裡處處可見歷史痕跡，讓人對砲台有深刻體驗。通過甬道，可以爬上位於矩形直角處的砲座區，之前的阿姆斯壯後膛鋼砲早已不見蹤影，目前僅剩圓弧形的砲座，暫放彈頭的水泥模穴仍保存完整，清晰可見。仔細瞧，這裡有36支看似煙囪的甬道通風口，一字排開，相當有意思，在台灣不復多見。園區老樹成蔭，在這幽幽密林裡，顯得格外神祕而深邃。拾級而上、登上砲台土垣，漫步在蓊綠的樹叢間，可以緬懷先人走過的歷史。

1~2. 一滴水紀念館

在滬尾砲台入口處可以遠眺淡水河，下方山谷中，於 2011 年 3 月間才剛開放的公園，園裡花木扶疏，設有一座從日本遷運來台，擁有百年歷史的建築物，名之為「一滴水紀念館」。該棟

建築原是住在日本的作家「水上勉」故居，如今，完全不用一根鐵釘，搬運來台重新拼湊而成，極具觀賞價值。而園區裡有池塘與完整的木棧道，是一處很適合休閒、散步的公園綠地。來此參觀滬尾砲台的朋友，也可順遊這座公園，肯定會有更多體會與收穫！

滬尾砲台
○地址：新北市淡水區中正路一段 6 巷 34 號（公車 836 號可抵）
○開放時間：周二至周日（周一若逢國定假日，照常開放）9:30 至 18:00（17:30 截止入館）。
○休館時間：非國定假日周一、農曆除夕、初一及館方另行公告時間。
○交通指南：於淡水捷運站搭乘 836 公車可抵。自行開車者，經淡水中山路、新生街，於中正路
　　　　　　一段循滬尾砲台指標右轉上山可抵。
○順遊景點：砲台公園（步行離滬尾砲台約 15 分鐘）。

INFO

十三行博物館・文化公園

新北八里

64 號東西向快速道路通車後，到八里變得更便捷！也讓這處北海岸有文化、有河海景致的小鎮，成為休閒好去處。

或許因為靠近海邊的關係，八里的天氣很特殊，台北市區內出大太陽，來到這裡卻布滿霧氣，天空還灰濛濛的帶點風，溫度也比台北要低了幾度。來到八里，除了騎自行車遊歷八里左岸之外，當然，「十三行博物館」是絕不能錯過的景點。

十三行博物館隸屬於新北市政府管轄，目前入館並不收費。博物館占地約 3,600 坪，全館面積約 2,000 坪，建築的原始構想來自於考古發掘及先民乘船渡海來台的意念。鋼構建築象徵大海，所有的結構軸線均以放射狀指向海洋；斜緩的屋頂，象徵過去十三行人生存環境中的沙丘或海中凸起的鯨背，遊客可以從館外地面直接拾階而上，享受極目四望的遼闊感及攀行於屋頂上的新奇感。全館藉

由三組不同型態的建築群，架構成完整的概念，分別表達山與海、過去與現在的意象，並以真實透心的材質，如清水混凝土、砂岩及老化的金屬板等，構築成完整的理念。

館內展示主題，主要有遺址發現始末及考古學相關概念介紹、遺址搶救記事、八里百年來歷史與地理環境的變遷、十三行人的一天、劇場播放、遺址出土文物的陳列與十三行人社會的介紹、影片欣賞與動畫遊戲等。博物館頂樓層用鋼架架設了一座時光走廊，象徵著走過十三行歷史的痕跡，這樣的裝置讓我想起了去年走訪、座落於日月潭日月行館的觀景台。

　　十三行博物館往八里左岸自行車道不遠處，有一座相當遼闊的十三行文化公園，人工湖泊與木棧道、湖中的倒影、遠方的山丘，還有偶爾遨翔在天空的飛鳥，畫面真是美妙！這裡的景象，除了樹木還矮了點外，有點像台東的森林公園，可惜的是，自行車道的規劃還沒達到台東森林公園的程度，還有很大的進步空間，很期待將來的蛻變。

　　文化公園內有一座山丘，登上丘頂上的平台，視野有時遼闊、有時迷濛，因為八里經常會起霧，常常會置身在霧裡看花的情境裡，但是這裡停車方便，地方又大，騎騎自行車或是隨興散步，都是逍遙好去處。

十三行博物館

○ 地址：新北市八里區博物館路 200 號
○ 電話：02-2619-1313
○ 開放時間：每周一至周日，上午 9:30 至下午 17:00；國定假日及補假日，上午 9:30 至下午 17:00
○ 交通指南：
　　1. 捷運、渡輪、公車：於淡水捷運站下車，搭渡輪至八里左岸公園，搭乘紅 13 線公車可抵。或於關渡捷運站搭紅 13 線公車可抵。
　　2. 自行開車：經關渡大橋，走台 15 線省道往八里方向，經中華路、文昌路、博物館路可抵。或走 64 號快速道路於八里下交流道，經中華路、文昌路、博物館路可抵。

INFO

左岸自行車道

　　我家兩個孩子總是對八里左岸自行車道特別偏好，自從新店至八里這段 64 號東西向快速道路通車後，從我家景美到八里大概只要花 30 分鐘車程，和當年走平面道路所花的時間差距二、三倍，這條快速道路對台北市南區的遊客真是如魚得水，超級方便！

　　八里左岸自行車道靠近左岸公園這一段，被稱之為「八里左岸」，附近有眾多停車場、景觀餐廳、小吃攤位、碼頭，算是整條左岸自行車道中最熱鬧的一段。這一段路觀賞淡水河面的視野奇佳，可以清楚看見對岸的淡水河市集，漁人碼頭新完工的福容飯店也清晰可見。區內分布不少間自行車租車店，在這裡騎單車、走逛、欣賞獨木舟與帆船都令人心曠神怡，是台灣絕無僅有的美麗河段。

　　從左岸公園往十三行博物館方向騎，可以看到八里淡水河岸相當珍貴的紅樹林保護區。保護區

內除了能看到茂密的紅樹林外，在紅樹林下的沼澤區，經常可見各式的寄居蟹、螃蟹、白鷺鷥的身影，生態相當豐富，也算是學童觀察動、植物生態的最佳活教材。

1. 左岸碼頭　2. 左岸公園往十三行博物館自行車道途中
3. 左岸公園附近自行車道　4~5. 左岸自行車道東段

　　假日的左岸碼頭搭船的遊客相當多，碼頭共有四個月台，有兩條航程，分別可以前往淡水碼頭與漁人碼頭。在台灣，除了高雄旗津與鼓山之間、冬山河沿岸、台東富岡─綠島、蘭嶼、東港─小琉球、淡水河藍色公路之外，很少見以渡輪作為運輸工具的地方。

　　左岸自行車道的東段，也就是龍形渡船頭、石頭廣場這一段，則有別於八里左岸。這裡的腹地不大，但是漁村的景象更為明顯，河畔停留更多的獨木舟，隨處可見水筆仔與潮間帶，河海退潮後，潮間帶的寄居蟹成千上萬，展露著生命的蠕動。對岸淡水的高樓大廈與山巒相映成趣，景致美不勝收，連行駛的捷運列車也能清楚看見。假日來此，筆直而繁忙的自行車道總是有眾多的騎士在此馳騁，把這裡妝點得好不熱鬧。望著滾滾的淡水河，夕陽餘暉，選個位置小坐片刻，眼前的美景在台灣真的少見，很令人著迷。

左岸自行車道

○交通指南：自行開車者，走 64 快速道路八里交流道下，右轉接中華路直行接龍米路，於忠一路左轉即可抵左岸公園。從淡水、關渡、八里前來者，可走龍米路，同樣在忠一路右轉可抵。

老梅石槽

　　北海岸與東北角海岸線，一直以來都被我讚賞為足以媲美台灣東部海岸的景觀。位於北海岸的「老梅」，是新北市石門區一個里，純樸的小村莊裡並沒有漁港，但緊鄰的富基漁港離村子不到 1 公里的路程，居民謀生不易，觀光發展也不興盛，所以人口日漸外流，來到這裡，可以感受處處布滿寧靜氛圍。

　　交通部觀光局北觀處停車場旁設有觀海亭，這裡觀海的視野遼闊，周遭景致相當美妙，坐此觀海、聽濤極盡享受！老梅石槽是海岸處同時擁有細緻沙灘與被侵蝕岩岸的生態環境，因為沿岸長久被侵蝕，形成一道道總長將近 2 公里，平均深度大約 50 公分的溝槽，在台灣相當少見。此處的石槽礁岩屬火山岩，適合海藻類附著生長，當海藻死去後，殘骸硬化成一層薄薄的石灰質，新的藻類會在這層石灰質上繼續附著生長，如此生、死不停地循環，最後便堆疊出這條美麗的藻礁。

　　老梅石槽最美景觀通常出現在每年的 3 月中旬至 5 月上旬，其中尤以 4 月清明節期間最為美麗。這段時間，整段海岸溝槽上面

1. 老梅石槽觀海亭　2~3. 老梅石槽　4. 老婦人採集海藻

會附滿海藻，形成一條又一條的「綠石槽」，把海岸染成鮮綠一片。

　　石槽的岩脊紋理相當富有特色，看來宛如一隻隻瘦骨嶙峋的綠色海豚成排躺在沙灘上，又像是一長條大魚肉被大廚切成一塊塊長條狀，整齊地排列著，供人欣賞。在東北季風強勁的時候，海浪沖擊在成行的石槽上，激起朵朵的浪花，好像施放煙火般壯觀、美麗，欣賞這樣的畫面非常刺激，因此這裡也成了愛好攝影者每年朝聖的景點。

　　當天來此，石槽上已經附著不少綠色海藻，正巧碰到一位阿婆在採海藻，奇怪的是阿婆採的並不是綠海藻，而是石槽上被曬乾轉為黑色的海藻。我好奇的問為什麼不採綠海藻，卻要去摳那些曬乾的黑海藻呢？阿婆回答我，綠海藻吃來會帶點澀澀的，一般都是用來餵豬，黑海藻吃來不會有澀味，很適合用來煮海菜湯，這是當地人的說法。

　　老梅石槽是北海岸一處珍貴的海岸礁岩，看過石槽圖片的人或許不少，但很多人不知道怎麼來的，加上石槽轉綠的季節相當短，所以除了3月中旬至5月上旬的假日有較多遊客前來觀賞外，平常時間來此的遊客少之又少。其實，這裡有美麗的海灘與海景，是一處很適合看海、漫步沙灘的地方，下次有機會，即使石槽沒有綠草相伴，您也可以來此散步、看海、聽海！

老梅石槽

◦交通指南：自行開車，請走北海岸台2省道淡金公路，經過石門洞、石門街區，見台2省道上
　　往老梅的標誌後，轉入一條村里道路，進入老梅社區，見左側百年老校老梅國小後
　　不遠，便會看到右側有通往「老梅石槽」的標誌，循標誌直行約100公尺，便可以
　　抵達交通部觀光局北觀處在此設立的停車場，下車步行3分鐘可抵。

石門風箏館與風箏公園

　　談起石門，常會讓人聯想到石門水庫旁的石門、石門活魚、石門山……。自從這幾年石門辦了風箏節之後，越來越多人認識位於台灣最北端的石門區，石門的劉家肉粽、老梅石槽，如今都是赫赫有名的景點。

　　這一天和友人前來石門鄉，要到位於老梅的風箏推廣協會附設的風箏館參觀。車子沿著北部濱海公路開，在經過石門洞、石門鄉之後不久，可以見到路邊十字路口上通往老梅、富貴角、富基漁港的標誌，轉入後，經過老梅村街頭不遠，即可抵達。老梅是個純樸的農村，在石門鄉，除了大多數的漁民外，土壤不易耕種，因此鄉民謀生不易，大多數的年輕人都往外發展，所以在村莊裡大都只有老人與小孩。

　　石門鄉風箏推廣協會一樓設有風箏館，展示各式風箏，二樓可供風箏製作及彩繪 DIY，三樓還有藝文展示館。其中，包括參觀風箏館、風箏 DIY、各式風箏訂購、特技風箏體驗，這些都是

1~2. 風箏公園 3. 風箏館內老風箏 4. 風箏館內風箏

要事先預約的，協會很歡迎全台遊客、團體前來體驗，若需景點導覽、特級美食訂購需求，協會也會協助。

一樓風箏館展示相當多的風箏，造型多元，如果自己能親手完成一具類似風箏，一定令人終生難忘。館藏中用牛皮紙與木條做成的風箏，是當地老人家兒時玩的風箏，相當有收藏價值，據說這具風箏已經有 20 餘年歷史！每年的石門風箏節都辦得有聲有色，可是活動結束即曲終人散，並未能為地方創造產值及帶來商機，石門區風箏推廣協會，肩負風箏產業在地化工作。

風箏公園就在北部濱海公路通往老梅村的路口上，交通相當便利，北海岸

暨觀音山風景區管理處設有停車場及公共廁所。這裡離海岸很近，尤其北濱公路沿線，在石門鄉才能見到較多的沙岸，也才能享受在沙灘散步的浪漫。可惜，夏天假日的石門海岸沙灘總是擠滿人潮，許多沙灘風景區因人潮湧進，停車成了問題，也沒辦法在沙灘上享受悠閒、浪漫的步伐。或許遊客鮮少人知道這裡，因此讓濱海公路上的老梅村風箏公園即使在假日，海灘上仍顯得相當悠閒。

這裡不是正統的海水浴場，因此海灘有較多的垃圾沒有清理，然而靠近海岸的地區，經過海水的沖刷，黃土色的沙灘仍顯得乾淨，偶爾可以看到老梅村的村民來此放風箏，視野裡除了海景外，還多了點風箏在空中閃耀的影子。

趁著大家不知道這處交通便利、人煙稀少的海岸前，每到北海岸，我總會帶孩子來這裡挖沙、堆沙堡，有時還會自己在沙灘上散步，感受腳掌踩著細沙的感覺。這裡的海鳥特別的多，尤其午後時分，天空還灑落陽光的時候，景色的變化較大，相機的鏡頭裡多了更多精彩的元素。看大海、看海浪、看海天一線，思維裡多了平靜，也讓胸襟更加寬闊！

石門風箏館

○地址：新北市石門區老梅里老梅路 6 號
○電話：02-2638-2918 ／ 02-2638-1331
○交通指南：自行開車，請走北海岸台 2 省道淡金公路，經過石門洞、石門街區，見台 2 省道上
　　　　　往老梅的標誌，路口右邊小徑可通抵風箏公園，另轉入往老梅的村里道路，約 400
　　　　　公尺可抵風箏館。

1. 風箏公園
2. 石門風箏推廣協會

白沙灣的邂逅

　　北海岸不是我陌生的領地，但是來白沙灣倒是第一次，這裡的沙灘是白色的，我喜歡這樣的質感！這裡也是交通部觀光局北海岸及觀音山國家風景區管理處所在地，因此，周遭有完善的停車場與構築的道路，從第1停車場再循著道路往海邊走，可以通往山坡上的麟山鼻，那是管理處另一個開發的浪漫景點，有木棧道、燈塔、小漁港，還能看夕陽，景致與白沙灣不相上下，只是旅遊的性質不同，我家小孩子喜歡戲水、玩沙，當然是選擇白沙灣海灘囉！而我與妻子的浪漫級數也跟著自動調整。

　　其實台灣的海岸很美，只是每每看到的沙灘卻不是那麼乾淨，沙灘上建構的設施與環境的整理，總是欠缺給人乾淨、清爽的感覺，偶爾會看到沙灘上的垃圾與不該有的凌亂視野，實在有些可惜。白沙灣停車、到海灘玩耍，一律不收門票，或許因為資源取得不同，在清潔維修上也有差別，因此我們無須只對白沙灣該有的

環境清潔多做苛責，遊客自己的公德心也該發揮一下。

踩在細緻的白色沙灘上，看海浪潮起潮落，突出的山岬、遠方的漁村和即將到來的落日餘暉，與喧囂吵雜的都市街景，多了份悠閒與浪漫！靜靜地坐在沙灘一隅，聆聽大海與遊客嬉戲的聲音，心情的放空與陶醉，此情此景，正是調適生活的一帖良劑，愛極了這樣的景致與感受！

拍海、拍山景，天然的景觀是上帝造就的這片土地，其實，我還有個奢望，即是，期待海邊多冒出幾棟更有特色、更吸引人的建築，而非雜亂無章法，沒有加分效果，只有破壞美麗海景的突兀怪物！

孩子喜歡在這樣的環境挖沙、堆沙堡，碰到水與沙，幾乎就像來到他們的天堂，所以來這種地方就是幫他們準備好一套換穿的衣服，兩隻眼睛盯牢他們，注意他們的安全便可。總是在這個時候，我們夫妻變成望海日子的老人一般，吹海風、看小孩玩耍。想想，這機會不多吧？等他們長大，這一幕只能成為過往回憶，那時，我們便成為真正望海的老人！

白沙灣（北海岸及觀音山國家風景區管理處）

○ 地址：新北市石門區德茂里下員坑 33-6 號
○ 電話：02-8635-5100
○ 交通指南：自行開車者，請走台 2 線省道北部濱海公路，從淡水、三芝方向來，還不到石門區
　　　　　　市區的左側；若從基隆、金山來，則是過了石門街區不遠處一個斜坡的右側。

金包里老街巡禮

對我而言，金山老街已經來過好幾次了！每次來，都將車子停放在中山路後段區公所對面巷子山坡上的停車場。這次來，第一次將車子停放在民生路上（中山路85°C蛋糕餐廳轉入），北觀處設立的免費停車場。

從北觀處停車場循中山堂、溫泉路、福德街走，便可以通往金包里老街，也就是一般人俗稱的金山老街。中山堂旁有棟紅色建築，即將改建為「鄧麗君紀念館」，未來將吸引更多遊客、人潮湧入。「鄧麗君紀念館」旁便是溫泉路，區公所在這裡設有溫泉公共浴室。短短的溫泉路上有不少老房子，其中一棟有日式風格的老宅，院子內還會冒出火熱的溫泉，我用手一摸，大概有攝氏70度左右。這棟得天獨厚，有溫泉的民宅，並未經營泡湯屋，但是自家卻闢了一間溫泉池，讓一家人可以享受泡湯樂趣，真是令人稱羨！

繼續往前走，可以看到路旁有一處露天的

1. 未來將改建成鄧麗君紀念館建築
2. 溫泉店家
3. 金包里老街溫泉源頭
4. 金包里老街冰淇淋

5. 金包里老街名產
6. 金包里老街甘薯
7~8. 金包里老街鴨肉ㄜ

　　管子，標記著「水源頭」，也冒出陣陣熱騰騰的
溫泉，長久流出的溫泉，將鐵罐氧化，外觀顯得有些鏽黃。含有鐵質的溫泉，
當地稱為黃金湯溫泉，在溫泉街上便有一間金泉溫泉，提供泡湯服務，算是溫
泉街街上的老店。

　　穿過溫泉街，和它接壤的是福德街，走出福德街，便來到與其垂直交接的
金包里街了！金山老街幾乎就是一條美食街，沿途盡是販賣當地特產，像是海
菜、番薯、蜜餞等各式美食、小吃。小時候年節經常吃的麻荖，這裡有好幾家
不算小的店，推出各式研發的產品，讓人目不暇給。純手工的蛋捲在這裡也頗
負盛名，成為金山另一項特產。芋冰也是金山老街的特色點心，街上的雪豹冰
城是我來金山老街必吃的店，店裡販賣的紅豆、花生、芋頭冰都是招牌，而其

研發的甘薯冰更是美味。

來到金山老街，當然不能放過位於金包里街中段廣安宮前的「金包里鴨肉
ㄜˋ」，假日來此，店家生意好到連廟前座位都不夠坐，於是店家便租下老街上
數家店面，還在門前貼上編號，提供客人用餐空間。鴨肉店的菜色及炒麵都是
店家事先煮好，放入盤子上，客人必須選好想吃的菜，然後端著盤子、穿過人
群，到有編號的用餐區用餐。有時排隊的人群多，比較熱門的菜色一上桌便被
搶個精光，所以建議用餐的朋友，若要選菜，可以兩人一組，一個搶菜，一個
端菜，這樣絕對可以吃到好菜色，又不用浪費太多時間。

在這家店用餐，每道菜約 100 ～ 200 元間，一家人吃一頓飯，不會花費太
多錢，卻能享受到讓人滿足的美味，很物超所值。滷筍子是熱門菜色，香脆好
吃，是必端的一道菜。鴨肉當然是必點囉！這家店使用飼養 130 ～ 140 天左右
的土番鴨，如此大小的鴨隻肉質成熟，嘗來口感硬又結實，並帶有甘甜味道，
讓饕客趨之若鶩！炒鯊魚肉，鯊魚肉質鮮嫩，一大塊肉入口，超有滿足感。炸
海鰻是店裡的人氣菜色，可是鰻魚的刺又大又多，食用吞嚥時要特別小心。季

1. 金包里老街媽祖廟　2. 金包里老街蘇荖

節性的海瓜子，是金山當地的魚貨，味美好吃，別錯過了。豬腳是當年創店時的招牌菜色，因此店家有一定水準唷！

　　逛過老街、吃飽、喝足，也可以來街尾的「慈護宮」走走、拜拜。慈護宮俗稱「金包里媽祖廟」，為金山鄉民的信仰中心，建廟至今已經超過 2 百年。媽祖神像為金面，所以信眾稱之為「金面媽祖」。廟裡尚存有同治 12 年（西元 1873 年）的二座龍柱，浮雕雅致，算是足以證明慈護宮歷史的真正古蹟。

金包里老街
　○交通指南：往金山老街可於基隆、台北分別搭乘基隆客運與皇家客運前往。自行開車者請走北海岸台 2 號省道至金山區公所對面可抵。

舊金山總督溫泉

新北金山

　　北海岸金山、萬里的溫泉質在台灣頗負盛名，是值得推薦的溫泉區，位於金山市區外圍的「舊金山總督溫泉」是當地老字號的溫泉館，其名稱由來是附近有一座舊的金山海水浴場，加上這裡為日據時期的台灣總督招待所，因而命名為「舊金山總督溫泉」。溫泉原址，乃日據時期台灣總督府台北州撥款興建的官方溫泉會館，1939年（昭和14年）9月竣工，有別於街區內溫泉街的「舊館」，慣稱為「新館」。台灣光復後，新館被列為海防要塞，國軍駐紮在此，溫泉水源亦被軍方堵死，軍方撤防後，新館建築傾圮荒廢，直到舊金山總督溫泉的整建，溫泉才又重新湧現。

　　這裡停車相當方便，溫泉館斜對面便有一處免費公立停車場，來此泡湯、用餐不怕找不到停車位。溫泉館主體是以舊有的新館溫泉招待所建築風格加以修建而成，外觀宛如古典的洋樓別墅。來到這裡泡湯，處處古意盎然，彷彿置身在日本泡湯情境。

　　為保留昔日文藝復興時期風格，新的溫泉館不但盡量維持以往的

1. 溫泉風呂情人池　2. 舊金山總督溫泉外觀

舊金山總督溫泉戶外冷泉池

格局外牆，更採用了 60 多年前製作，但如今已經停產的手工磁磚黏貼而成。屋內接待櫃台、手扶梯等，也以樸拙自然的檜木為建材，更加突顯古典風味。來舊金山總督溫泉不僅泡湯休閒，還能感受當年總督溫泉會館的建築特色。

這裡的溫泉水屬於稀有的海底溫泉，除了含有大屯山山脈特有的硫磺及礦物成分外（沒有濃濃的硫磺味），因緊鄰海岸，溫泉形成的同時，亦滲透到深層潔淨的海水，因此水中有著淡淡的鹽分，據說可以讓皮膚更加清淨美白，對去毒及收斂也具效果。值得一提的是，該館所使用的溫泉，雖是昭和時期所開採，但其水源卻源自一千年以前的天然降水，經長時間滲透進入地表後，遇地熱形成溫泉。館方擁有合法專用水源，水質優良、水量充足、不需加熱與回收，使用過的水直接排放，不重複使用。

一樓戶外溫泉池「露天風呂」共分成兩部分，一處位於溫泉館外的庭園，緊鄰金山岬角的山壁和密林，景致清新自然。溫泉水源從山坡上淙淙流入露天風呂中，或由岩壁傾瀉而下，形成溫泉瀑布。除此之外，露天風呂也附設一座

1. 溫泉風呂情人池 2. 舊金山總督溫泉大廳 3. 戶外溫泉池

水療池，讓客人享受溫泉按摩的輕鬆與舒暢。

　　戶外露天風呂因水質中富含鐵質，在流入溫泉池後，幾分鐘內與空氣氧化產生氧化鐵，使得溫泉水的顏色變成金黃色，因而有「黃金泉」美名。據說，這種富含鐵質礦物質的溫泉，有活絡筋骨的功效，多泡更有助生男。

　　溫泉館一樓有雙人溫泉浴池「情人池」4 間，有古典型貼小磚的浴池，和以原石砌成的浴池兩種，提供客人多樣化的選擇。一樓另有一間寬敞的「總督御池」，是依據昔日新館溫泉招待所的浴池改建而成，也是該館最尊貴高級的浴池。此外，還有重新裝潢嶄新的「北海風情湯屋」10 間，採用半露天式設計，讓人拋開密閉空間的壓迫感，每一間都有不同的風格設計。我與妻子泡的情人池，除了半露天泡湯區之外，還有一間小空間擺設梳妝台與沙發，購票入內泡湯，館方還會準備浴巾、毛巾、礦泉水、棉花棒、梳子、護膚乳液等。

　　溫泉館二樓為餐飲空間，內部以清爽的海洋風格作裝潢，提供新鮮美味的

二樓餐廳

現撈海鮮套餐和各式飲品。三樓擁有 7 間「貴賓池」，每一間都有大型的按摩浴缸。溫泉館頂樓分為兩邊，各為男、女露天大眾浴池，其中一邊可觀賞優美的海景，為台灣本島唯一可泡湯看海的溫泉館；另一邊則可眺望陽明山國家公園的群巒與山嵐。泡湯時抬頭一望，偶爾還可見稀有的老鷹或鴿子在空中盤旋展翅。

舊金山總督溫泉

- ○ 地址：新北市金山區豐漁里民生路 196 號
- ○ 電話：02-2408-2628
- ○ 營業時間：每日 9:00 ～ 24:00
- ○ 交通指南：
  1. 台北市東區、南區和新店一帶的民眾，可走中山高速公路或走北二高往汐止系統交流道，再續行北二高至萬里交流道下，於大武崙接海岸公路（台 2 線省道），經萬里、野柳可抵，車程約 40 分鐘。
  2. 由台北市士林可走仰德大道，經陽明山、馬槽抵金山，車程約 50 分鐘。
  3. 由淡水走登輝大道、北海岸公路，經三芝、石門抵達金山，車程約 50 分鐘。

新北萬里

別有洞天的度假村

金湧泉 SPA 溫泉會館

北海岸萬里、金山除了擁有絕佳的山海美景外，讓日本、南韓、香港、東南亞遊客趨之若鶩的特色，便是它得天獨厚的溫泉資源。經常往北海岸走的我，每次來到萬里、金山一帶，除了必訪的金山老街與位於海岸邊的景觀咖啡館之外，想找一家舒適、寬敞、質優的溫泉館，總被琳瑯滿目的招牌給迷惑，在狹窄的街道中穿梭，久久無法決定去處，所以最初來此，泡湯的念頭總是無法實現。這次在友人的帶領與安排下，終於有機會認識這家位於萬里與金山交界、台2線省道上的「金湧泉 SPA 溫泉會館」。

開車來到接近台2省道與金山交界的萬里加投，請記得放慢車速，金湧泉 SPA 溫泉會館就在馬路旁邊，一不留神很容易便呼嘯而過。您別被擁擠的街道給矇騙，也別擔心這間溫泉會館停車困難，循著指示標

1. 溫泉池 2. 兒童戲水池

誌走，會館內是個別有洞天的空間，廣大的停車場足以應付龐大的客人潮，第一停車場停不夠，還有第二停車場應急，所以來這家溫泉會館泡湯，停車絕對不是問題。

　　金湧泉 SPA 會館就像個度假村，除了住宿、SPA 泡湯設施外，當然還有用餐的空間。會館附設的水彎彎餐廳帶有日式簡約風格，燈光與玻璃造景有著古今交錯的時尚氛圍，主廚道道精緻味美的中式佳餚，更令人垂涎三尺。餐廳的包廂可以舉辦 1 ～ 5 桌的宴會，殷勤的服務與極致的品味，為遊客帶來舒適與便利。

　　SPA 泡湯是金湧泉的重頭戲，也是來萬里金山地區的遊客最愛的活動之一。金湧泉溫泉會館和其他臨海的溫泉館一樣，擁有珍貴、稀少的海洋海底溫泉，其泉脈來自海底深層，帶有淡淡硫磺味道，與陽明山、北投溫泉濃厚的硫磺味道大異其趣，在這裡泡湯可以享受海洋深層溫泉負離子的薰陶，更是彌足珍貴。這裡的各式湯池，風呂設施寬敞、完善，搭配靜謐的環境與悠閒氛圍，足以提

1. 金湧泉 SPA 溫泉會館　2. 烤箱與蒸氣室　3~4. 溫泉浴池

供顧客最佳的泡湯享受。若不想住宿、用餐，來這裡泡湯也是不錯的選擇唷！

　　為了迎合泡湯遊客季節的需要，金湧泉 SPA 溫泉會館的戶外溫泉區特別規劃有冷泉區，並因應孩童身高，設計有多種湯池，相當貼心。這裡還有一座標準的戶外游泳池，在萬里金山地區算是相當罕見的私人經營場地。除了戶外露天冷泉區外，還設有半露天男女海洋風呂、各式溫泉池、水療池、氣泡池、湧泉池、SPA 池、烤箱、蒸氣室、SPA 舒壓館等。溫泉貯存池特別設計成人頭造型，這是金湧泉 SPA 溫泉會館優質的象徵。

　　除了泡湯、用餐外，會館還設有北海樓與東海樓住宿區，走進精緻客房，讓人可以暫時拋開城市中的喧囂與壓力，讓您在此悠閒享受親情、友情、愛情的自然天地。如果情侶、夫妻想要享受更浪漫的氛圍，金湧泉還設有一處溫泉

1. 泡溫泉 2. 舒活館 3. 汽車旅館 4. 溫泉源頭

汽車旅館，規劃有 29 種不同異國風情房型，採用美國進口蓆夢思名床，可以免費寬頻上網，全區均架設反針孔偷拍 24 小時偵測系統，房間內都有溫泉浴缸，可以讓遊客卸下一身疲勞，享受浪漫情趣。

金湧泉 SPA 溫泉會館

○地址：新北市萬里區大鵬里萬里加投 213-3 號
○電話：02-2498-3588
○交通指南：
1. 中山高速公路接北二高，於萬里交流道下，轉台 2 線省道，20 分鐘內可抵萬里加投（金山萬里交界處）。
2. 淡金公路經淡水、三芝、石門、金山，可抵萬里加投（金山萬里交界處）。
3. 陽金公路經陽明山國家公園、馬槽、金山、台 2 線省道可抵萬里加投（金山萬里交界處）。

INFO

野柳地質公園

欣賞女王頭的倩姿

新北萬里

晚秋時分又來到野柳地質公園，我發現這處台灣國寶級的旅遊勝地，很適合在秋冬微帶涼意時來走走。此刻的季節可以看到藍藍的天空與湛藍的海洋，加上翻騰的海象所捲起的滔滔海浪，令人視野與心情更加美麗舒適！

野柳海洋世界與地質公園的停車場容量變多，也變得更大，然而假日遊客仍絡繹不絕，這其中有三分之二幾乎都是大陸客。幾年前孩子還小時來到這裡，入口和出口都是同一個，現在入口改成售票處旁的山坡上，不必再經過特產街，但是特產街就在出口處旁，逛過地質公園，還是會到特產街走走，只是，和數年前相較，特產街販賣的多數海產製品已經抬高不少價錢，要購買當地的海產食品，還是要貨比三家！

公家經營的遊樂區門票當然不算高，全票 50 元、優待票 25 元，我家兩大兩小，入場得花 150 元，其實不算貴。

晚秋、初冬來這裡看藍天、大海，沒有赤焰的烈日，還有徐徐的海風，走在海岸邊，整個人的心境也隨之開朗了起來，不用遮陽、拭汗，這樣的天氣來欣賞海景、奇岩、堪稱國寶級的海蝕地形，是一場心靈的享受。

和幾年前相比較，野柳地質公園風景區內的設施顯然進步不少，走在其間，除了具備的天然環境確實有國寶級身價外，便利的動線與完善的設施，也驗證了國內一些風景區漸漸在成長，而能與天然環境本身相得益彰。這一趟，再度體驗台灣北海岸的碧海藍天景觀並不輸給花東海岸，而與東北角海岸更是不相上下，許多北部遊客在夏日經常跑到墾丁去戲水，其實，北海岸、東北角海岸的景色更值得來探訪，這是我深深的感觸。

野柳地質公園綿亙的海蝕平台，像萬里長城般，從陸地橫臥到大海中，釣客大概就是從陸地這頭移動到尾端，畫面很驚險，但有點綴之美！保留完整的燭台石，也算是國寶級的景觀，燭台上不僅像是蠟燭，更像海獅等動物造型，超美、超有感覺。這些數十萬年前在海底裡的岩石，突起後，展現稀有、驚為

天人的英姿，令人看了為之動容，這應該算是福爾摩沙的驕傲吧！

　　往地質公園另一區走，是通往女王頭的區域，許多遊客都慕名而來拍照，其中多數是由大陸來的遊客，頓時間，女王頭成為遊客競相拍照的背景。而我也不免俗的拍、拍、拍，看看女王頭與多年前來的時候，體積變得更小了！多年後，希望她還存在著，因為這裡有大家共同的記憶。

野柳地質公園

○交通指南：自行開車的朋友走北二高轉北海岸台 2 線省道或陽金、淡金公路，於萬里附近循指
　　　　　　標可抵。搭車者，可搭國光客運巴士抵達。

翡翠灣福華度假飯店

　　經常走訪北海岸的我，說實在的，屢屢開車路經翡翠灣，對這總是感到很陌生，這次終於有機會來區內的福華度假飯店住上一宿，體驗這裡的生活。

　　翡翠灣福華度假飯店有 240 餘間客房，每間客房都擁有絕佳觀賞海景角度，是北海岸度假住宿的首選。飯店的住宿區都位於 14 樓以上，居高臨下，擁有遼闊的觀海視野，欣賞晨曦、日落都具優勢。一樓接待大廳沒有一般五星級飯店的豪華氣勢，但整體感覺相當溫馨，適合一身輕裝，只為了找一處放鬆心情、卸下繁忙工作，不想武裝自己的遊客。

　　走出客房來到露台，北海岸翡翠灣周遭的海景清晰映入眼簾，住宿一晚、放鬆心情，在此觀賞一天中不同的環境變化，看夕陽、日出，聽早晨與夜裡海濤的聲音，不僅讓人陶醉、迷惘，心情也得到放鬆與紓解。

　　海景度假飯店當然以海岸線風光當招牌，但是翡翠灣福華度假飯店的休閒設施仍相當齊全。下午 3 點營業到晚上 11 點，位於飯店住宿區摘星樓地下一

飯店戶外景觀造型

1. 翡翠灣福華度假飯店城堡　2. 城堡一樓　3. 從飯店房間俯瞰翡翠灣福華飯店周遭　4. 飯店游泳池　5. 幸福鐘　6. 飯店戶外景觀　7. 挪亞方舟

樓的便利商店，提供住宿旅客便利購物的場地。便利商店兩旁空間，分別設有桌球場與撞球場，讓住客有更多休閒娛樂的選擇。其他休閒設施大都位於住宿區主棟對面的城堡，包括：各式餐廳（翡翠廳、海宴亭、海景吧）、兒童世界（電影欣賞）、休閒中心（三溫暖、健身房、室內水療游泳池），房客可憑飯店發的設施券，免費使用休閒中心設施一次。14歲以下兒童僅能使用室內水療游泳池，不得進入三溫暖與健身房；健身房則須著運動服裝、球鞋。

　　來到城堡，一定要好好欣賞這裡一樓的建築特色，整個建築的感覺猶如一座禮拜堂，階梯極適合席地而坐，聽牧師、傳道講道、見證，置身其間，一股莊嚴感油然而生，彷彿來到國外建築空間，聖誕前夕來更有感覺。

　　連接住宿區摘星樓與城堡之間有一條祕密地下通道，通道中有一塊大空間置放不少遊樂設施，可以讓住客好好鍛鍊體力。三溫暖都是裸湯，所以分成男、女室，冬冷時泡泡三溫暖是件相當舒服的事。室內水療游泳池的水質都固定時間經政府衛生單位檢測通過，衛生安全無虞。對親子家庭而言，孩子未滿14歲

者，可以選擇室內水療游泳池，在此游泳、戲水，一旁都有救生員看著，安全也有保障。室內水療游泳池樓上便是健身房，這裡的健身器材相當專業且豐富，數量之多，是我住過台灣各地飯店中少見；對於喜歡運動、健身的住客，建議可以好好利用，才不虛此行。

翡翠灣的戶外區當然也是個吸引人的賣點，來到這裡，許多宛如愛琴海的建築造型，甚至教堂都讓人讚嘆連連！不僅讓遊客紛紛拿起手中的照相機猛拍，同時也吸引不少拍婚紗照的新人前來取景；那引人注目的藍白色系，搭配北海岸的海天一色，成了度假者嚮往的旅遊勝地。而住宿翡翠灣福華度假飯店的遊客，都可以免費享受這樣的景致，從白天到黑夜，感受不同時刻翡翠灣帶來的美妙！

城堡靠近海邊處，有一塊平整的草坪與廣場，一旁有一座外型鑲上木板的方舟，這裡是模仿聖經裡「挪亞方舟」故事情節所建造的方舟廣場。孩子在廣場上可以追逐嬉戲，登上方舟能眺望翡翠灣海景，不經意抬頭，偶爾還可以看到老鷹與飛行傘在天空交相飛翔景象，那遼闊的視野與空中奇景，堪稱台灣之最。方舟廣場旁這座幸福鐘也是遊客經常取景的地方，來這裡虔誠禱告、拉響鐘聲，或許可以為您帶來幸福唷！

來福華度假飯店度假，同樣可以就近到園區沙灘走走。這裡有一段數百公尺的沙灘，脫下腳上的鞋子，赤腳漫步在一片潔淨細緻的白沙上，一路充滿了幸福的滋味。喜歡挖沙、堆沙堡的孩子看到這一片白沙，更是欣喜若狂，立刻脫下鞋子朝沙灘奔去。在孩子的世界裡，海邊與沙灘總是讓他們玩到忘我境界。

翡翠灣福華度假飯店

○地址：新北市萬里區翡翠路 17 號

○電話：02-2492-6565

○交通指南：自行開車者走中山高速公路轉北二高下萬里交流道，或走淡金、陽金公路至台 2 線省道上的翡翠灣。或於台北市搭國光客運、皇嘉客運，或於基隆搭基隆客運、淡水搭淡水客運均可抵達。

龜吼漁港‧港口魚舖

龜吼是新北市萬里區一個里,這裡剛好在野柳與翡翠灣中途,假日來此欣賞海景、購買海產、魚貨伴手禮的遊客,都沒有比北海岸著名的漁港來得擁擠。這裡設有一座停車場,只要不是假日尖峰時間,停車上都沒問題。

漁港的規模不算大,漁港外圍設有小型魚市場,每到下午 3 點鐘左右,漁船進港,大批魚貨在此拆卸,會有魚販買了魚之後,直接就在市場販售,因此這裡的魚都很新鮮,而魚貨的種類也滿多的。視季節不同,這裡主要的魚貨有黃雞魚、白帶魚、赤鯮、黑毛、透抽等。

在龜吼漁港魚市場旁有一間名為「港口魚舖」的商店,除了雜貨、釣具外,還販賣著各種海產與魚貨伴手禮。這家店不是我第一次來,上次來,買了這家製作的魚貨伴手禮,超好吃又便宜,我和妻子、孩子一直念念不忘,這次終於有機會再來這裡大採購。魚貨伴手禮都是這家魚舖的工廠自己製作的,製作伴手禮的魚貨,也大都來自這家店的海釣船出海釣回來的。其魚貨伴手禮

種類很多，像是鱈魚條、鮪魚條、鮪魚糖、魷魚絲、鰻魚骨、櫻花蝦、旗魚脯、黑芝麻鱈魚絲、碳烤魷魚頭、碳烤魷魚絲、碳烤魷魚片、花生小魚干、紫菜酥、青蔥梅花魚、黃金魚，幾乎應有盡有。最重要的是，這些魚貨製品都超新鮮、好吃，而且又便宜，絕對比北海岸其他地方商店販賣的品質、價格都來得優。

產品除了零售外，港口魚舖還有自製的夾鍊袋包裝，每包價錢都在100元左右。老闆娘說：「真的是薄利多銷，東西新鮮、好吃、又便宜。」港口魚舖同時販賣新鮮的海產魚貨，這些魚貨都是店家自己的海釣船以船釣方式所釣回來的。魚貨釣回來之後，立刻在店舖的廚房處理乾淨，放入真空袋，接著將魚貨放進價值40萬元新台幣的冰箱內，以零下50度急速冷凍，保持魚的新鮮。店裡另設有魚貨實體展示冰櫃，主要產品有軟絲、透抽、白鯧、小卷、赤鯮、鱈魚、黃雞魚、白帶魚、秋刀魚、吻仔魚等。不方便來此購買者，店家也提供宅配服務，購買3,000元以上免費宅配到府。

港口魚舖本身擁有海釣船，也提供熱愛出海釣魚的朋友參與，海釣區域主

要為基隆嶼（離龜吼漁港 4 海哩）、抬轎嶼（20 海哩）、花瓶嶼（28 海哩）、彭佳嶼（32 海哩），每年農曆 5 ～ 8 月主要魚種為白帶魚、透抽、紅魽；9 月至隔年 4 月則為黃雞魚、赤鯮、黑毛，欲參與的朋友也可以直接和港口魚舖的主人聯絡報名。

港口魚舖
○ 地址：新北市萬里區龜吼里漁澳路 61 之 1 號
○ 電話：02-2492-4855
○ 海釣專線：0932-071749 港口阿義
○ 傳真：02-2492-1040
○ 交通指南：自行開車者，由台北走北二高，循北濱公路走，過了翡翠灣之後，在萬里隧道口前，
轉入右側分岔路，前進約 2 分鐘，便可抵達龜吼漁港，繼續前進可抵達野柳。如果
是從野柳地質公園方向前來，可在停車場入口外圍馬路，往海邊方向開，也可通往
龜吼漁港。

陰陽海、十三層遺址、濂洞國小

很喜歡探訪台灣一些小角落，分享感人的人物與故事！濂洞國小位於台2線濱海公路，靠近陰陽海的北34線上。這個區域舊名水湳洞，從台2線公路向金瓜石山上遠眺，便可以看見外觀像是西藏布達拉宮的台金公司十三層遺址。北34線往山裡頭開，沒多久便來到黃金瀑布，而在往黃金瀑布前右轉進入附近的小村莊，便是濂洞國小的位置所在。

濂洞國小所在地稱水湳洞，此地原有山洞經常有泉水、雨水從洞口湳（台語）下，因「濂」和「湳」的台語音相近，因此被稱為「濂洞」，此為濂洞國小校名由來典故。濂洞國小與台金公司的鍊銅盛況有著密不可分的關係，採礦極盛時期，濂洞國小的師生曾高達1千餘人，然而鍊銅場廢除後，昔日濂洞國小人聲鼎沸的盛況已不復存在。隨著人口外移，目前濂洞國小大約只有30幾名學生，成為名符其實的迷你小學。

台金公司的十三層遺

址，遠眺狀似西藏布達拉宮，是台灣少見的奇景。鍊銅的三條大煙囪就像大蟒蛇般，綿延地往山頭串連直到山頂，也算台灣奇觀。

十三層遺址旁的北34線往山裡開，可以抵達黃金瀑布、金瓜石黃金博物館，連通到九份、瑞芳街上。仔細看路旁的小溪流，溪谷岩石氧化程度相當嚴重，看似金黃一片溝渠。附近村莊、民宅都是依山而建，階梯小徑連貫彼此住家，是當地固有的特色。

不管在濂洞國小，或是在附近村莊找個絕佳角落，都可以清楚看到山下海中的「陰陽海」。陰陽海前方對面那座小山丘，看似獅頭，因此被稱為獅頭山，據說這頭水獅有鎮邪的靈性，和陰陽海同樣充滿神祕色彩。陰陽海乃酸礦排水所形成的自然景觀，由於當地的金、銅、鐵礦，透過雨水、溪水及地下水等流到礦坑，與鐵細菌產生催化作用後，形成硫酸亞鐵。這些酸礦水大量的排入海中後與海水混合，便產生黃色的氫氧化鐵膠羽漂在海面，又因水湳洞附近海灣內海流擴散能力不

1. 十三層遺址煉銅場　2. 十三層遺址大煙囪

足，無法將汙染迅速帶離海灣，於是便形成了今日我們所看到的陰陽海特殊景觀。

濂洞國小前的藍色欄杆旁，不僅有椅子可以休憩乘坐，更能眺望太平洋、欣賞東北角海岸的山海連天景象。而受限於空間、地形，濂洞國小的司令台與教室間的距離，竟然只有幾步路之遠，但這樣的空間顯然已經足夠容納全校 30 幾名師生。

依山而建、沒有運動場的濂洞國小，一樓教室與後山籃球場、兒童遊戲場高度差約二層樓高，校內一座磨石子象形滑梯，可以從二、三樓高的籃球場直接滑到一樓的教室，長度及玩趣冠於新北市各校，應該是新北市學校中最長的滑梯。

學校一樓走到底，角落上有一處觀海亭，有簡易的地形圖表，可以了解附近島嶼分布。從這裡能眺望美麗的東北角海岸線與台 2 線省道風光，格局比照三貂角燈塔，又是全國小學中少見設施與得天獨厚的環境。

1. 濂洞國小觀海亭　2. 濂洞國小　3. 連通陰陽海、十三層遺址與濂洞國小的道路

龍洞四季灣

海上游泳、潛水、賞海景

　　夏日台灣炎熱的天氣，不僅會讓人的心境感到煩躁，也會失去旅遊的心情與用餐的胃口。沒有關係！擦上防曬油，到海邊走走，到海裡游泳，採仰泳的方式讓身體浮起來，放空心情望著天際，或是潛入海中，看海底生物，如此也可以很享受。

　　龍洞是台灣東北部一處美麗的海域，也是重要的潛水基地，而這裡的龍洞四季灣更是一處美麗又好玩的地方。區內有廣達 16.8 公頃的園區，海岸線長 1 公里，是國內首座結合遊艇港、海水游泳池及地質解說展示館的多功能戶外自然教育休憩中心。從台北、基隆方向走台 2 線濱海公路，穿越過龍洞隧道，映入眼簾的是純白色歐風尖塔造型的會館，在一望無際的湛藍海水映襯下，顯得格外耀眼，遠觀就像一座海上白宮，儼然成為台北東北角海岸風景區的地標。

　　這裡除了得天獨厚，台灣少見的完善天然海泳池外，還引流海水上岸，規劃了路上兒童戲水池；此外，為契合「濱海公

1. 海泳池 2. 兒童戲水池 3. 龍洞四季灣位置圖

路休息站」的特色，園區內也設有大眾遊客美食廣場、親子遊戲區、便利商店、SPA 湯屋、創意巴士旅店、Lounge Bar 等休憩設施。天然海水游泳池是利用海蝕平台規劃而成，與大海相通，可以戲水、浮潛，讓您體驗與熱帶魚一起嬉戲的樂趣。附設的浮潛中心是由地方專業教練施予小班制教學，並實際帶領學員進行浮潛活動，體驗與大海和諧共存的樂趣。

　　入園收費相當便宜，按車輛數計費，每小客車清潔及停車費 100 元／次、機車 70 元／次，前 30 分鐘免費。至於夏日想要海泳的朋友，全票 90 元（120 公分以上）、半票 60 元（120 公分以下）。暑假期間儘管游泳的孩童眾多，但偌大的海水泳池，似乎仍擁有很大的空間，足夠讓小朋友盡情的嬉游。海泳池靠近海岸邊，除了午後漲潮外，海水的深度都算 OK，泳池有二位救生員在一旁守護泳客，安全上也比較有保障。在夏季，很適合來這裡游泳、消暑。

龍洞四季灣

○ 地址：新北市貢寮區和美里和美街 48 號
○ 電話：02-2490-1000
○ 園區開放時間：平日 9:00 ～ 17:30
○ 交通指南：
　1. 火車：搭火車至福隆車站轉國光客運或基隆客運至龍洞南口站。
　2. 客運：可從台北車站北站搭往宜蘭、羅東、蘇澳的國光客運濱海線，於龍洞南口站下車即可。
　3. 自行開車：中山高於八堵交流道（循往東北角海岸的指標），下瑞芳暖暖交流道，右轉接台62 線萬瑞快速道路至瑞濱端，右轉續行台 2 省道東行，過龍洞隧道出口後 800 公尺，左側迴轉即抵。

INFO

福隆海水浴場

　　福隆有名的不只有海水浴場，還有福隆便當、福隆老街、福隆火車站，以及附近的草嶺古道、自行車道等。當然，福隆最讓人津津樂道的，還是莫過於離福隆火車站不遠、步行 5 分鐘便可以抵達的海水浴場。這裡拜火車站之便，並擁有廣闊、完善的海灘，讓它成為往年海洋音樂祭的主辦場地。

　　福隆海水浴場每年只有 6 至 9 月開放，從台 2 線濱海公路開車轉入福隆海水浴場的停車場，暑假期間的假日經常車潮洶湧，停車位一位難求，開車來，要找停車位得看運氣！停車場旁有福隆遊客服務中心，這裡可以借腳踏車，也是經常舉辦各式活動的集合點。服務中心內設有簡報室、遊憩體驗區、漂流木雕作品展示區、自然生態展區、人文史蹟展區，以及藝文特展區等，提供東北角海岸的自然生態、人文史蹟等各種展覽及簡報解說，而東北角暨宜蘭海岸國家風景區管理處就設在服務中心旁。

　　購票進入海水浴場園區，會看到 14 棟 Villa 主題度假客房，提供尊重遊客私密休閒空間，地面層設有 SPA 池及發呆池，可以讓旅客盡情觀賞海景、沉澱心靈、陶醉山海優美情境，加上海水浴場內廣闊的休閒腹地，讓這裡成為具備完善休閒風的度假勝地。

　　通往海水浴場外灘與海岸，必須經過這座彩虹橋，這是一條跨越雙溪河通往福隆海水浴場海灘的主要通道，橋樑採拱型構造，狀似彩虹，故名「彩虹橋」。橋上涼風吹拂，倍感涼爽，由此眺望、俯瞰，四周美景盡入眼簾，真是美不勝收。

　　雙溪河由此出海，這是東北角國家風景區內最大的河川，全長約 28 公里，溪水孕育多種迴遊性魚類、蝦蟹類。福隆海水浴場這段雙溪河，現在可以在河上划艇，是條相當天然的划艇場地。

　　雙溪河出海口這一段旁，設有一條河濱步道，這是串聯福隆海水浴場至龍

1. 福隆海水浴場彩虹橋　2. 雙溪河　3. 福隆海水浴場河濱步道　4. 福隆海水浴場沙雕

門露營區間的河濱步道。步道旁設有單向性矮燈，照射在走道面，不干擾周邊植栽生態，每當清晨或黃昏間，最適合在這條步道上悠閒漫步，欣賞河、海交錯景象。

　　福隆海水浴場的外灘，擁有細緻的海沙，踏在腳底下很舒服，但也感到走路困難。在這裡打沙灘排球，是除了海邊戲水外，團體年輕人最喜愛的運動。

　　在這裡戲水，經常可以看見外國人，他們特別喜歡享受日光浴，一條大浴巾鋪在沙灘上，就見他們在陽光下靜靜地趴著休息，很佩服這種大熱天，他們這麼享受陽光！沙灘旁的沙雕創作家正聚精會神的拿著水管、剷子，塑造他們的作品，福隆海水浴場在每年暑假經常會舉辦沙雕藝術展，提供更多元的旅遊樂趣。

福隆海水浴場

○ 地址：新北市貢寮區福隆里興隆街 40 號
○ 電話：02-2499-2381
○ 開放時間：每年 6 至 9 月 8:00 ～ 18:00
○ 入園門票：全票 100 元、優待票 80 元（65 歲以上、學生）
○ 交通指南：
　　1. 火車：搭乘北迴線鐵路，於福隆站下車，步行 5 分鐘可抵。
　　2. 客運：搭乘國光客運於福隆站下車，或搭台灣好行黃金福隆線至福隆可抵。
　　3. 自行開車：走台 2 線濱海公路即可抵達。

新北貢寮

三貂角燈塔

國境之東

　　國片「海角七號」盛行時，三貂角燈塔被稱為國境之東，拜訪這一天，天氣晴朗，白色燈塔伴著藍天白雲，還有燈塔下蔚藍的大海，構成一幅美麗圖畫，這一刻真的很美，美得令人陶醉！

　　三貂角位於新北市貢寮區台2線省道上，北宜高速公路開通後，如果走雪山隧道經頭城來，車子若不塞在隧道口附近的話，從頭城到這裡約半小時車程，絕對比走瑞芳濱海公路的時間節省許多，而從頭城一路而來的海岸景致一樣亮麗迷人！

　　三貂角燈塔就位於2省道三貂角附近的山坡上，從省道轉入通往燈塔的路，約略只有一個半車距，循柏油坡道蜿蜒而上，視野景致隨著高度越來越美，但是路途中有個公墓，稍稍破壞了此處的美感，約略不到5分鐘車程便可以抵達燈塔區。燈塔區有完善的停車空間，假日來此也不怕沒車位停，一般大型遊覽車是不太可能開上山來的，讓這裡的空間與遊客的比例可以達到均衡，完全沒有人氣過熱的感受！空氣中帶著清新，人氣中帶著幽靜，

1. 三貂角燈塔可以看到龜山島 2. 台灣極東點牌示

這裡是個賞景、看海不錯的地方。

若有朋友走訪過台灣各地的燈塔，可以發現燈塔區的造景、建物所呈現的面貌，幾乎是同一個模子印出來的！漆上白色系列的塔座、屋頂上黑色半圓柱塔頂，搭頂上的風向計、員工宿舍、圍牆等，都是量身打造，同出一轍，讓人有舊地重遊的感覺！

三貂角燈塔的美更令人感動！矗立在海上的龜山島有極佳的視野令人攬勝，在矮牆上、在涼亭內，找一處觀海、看白色燈塔的地方小憩，都有令人心情為之開朗、心曠神怡的豪情與壯闊！

假日的三貂角燈塔圍牆內區域有開放參觀，燈塔座內除了不能爬到燈塔頂端外，展示區則可以入內欣賞各式解說、掛圖、燈塔區模型，能讓人深刻了解三貂角燈塔的歷史、由來，還有台灣其他燈塔的郵票與圖片！

燈塔區停車場旁有一條步道，可以通往觀看太平洋與台灣本島的極東點，沿途景致優美，一路上有東北角海岸最令人神往的芒草伴隨著迎風搖曳，嬌柔多姿的風采，點綴這一片山坡的風情。藍天白雲、蔚藍壯闊大海、搖曳生姿的芒花、曲迴的小徑，訴說著大自然的美，國境之東這一季的優！步道的終點有一座觀海平台，這裡應該是台灣極東的最高點，然而台灣極東點並不在這座平台上，而是平台下方突出的岬角處，只是從平台遠眺，更顯得有來到「國境之東」的壯闊！

三貂角燈塔

○交通指南：自行開車，從台北而來，建議走國道 5 號經雪山隧道、頭城，沿台 2 線省道，於
　　　　　公路上三貂角附近循指標上山。

Chapter 2

中南台灣

王功漁港燈塔

王功漁港

　　彰化全縣人口不少，但除了與南投接壤的丘陵地外，整個縣幾乎都分布著平原。境內沒什麼山林祕境，所以大部分遊客來彰化，大都往鹿港或是海濱走走，王功就是靠海的一個小村莊，尤其以蚵仔聞名。

　　來王功，一般走訪的地點，都會以王功的美食街芳漢路為主。這條街密布各式和蚵仔有關的小吃店，還有當地盛產的蘆筍、鹽炒花生、枝仔冰等。沿路還有許多蚵民在路旁現挖蚵仔販賣，形成特殊而有趣的景觀。但要注意的是，這條街道很窄，停車不易，如果是假日來，並不好停車。

　　王功著名的蚵仔炸，當地居民稱之為「炸粿」，又名「蚵嗲」。一般蚵仔炸外皮大都用麵粉或地瓜粉加水調成麵糊製成，口感缺乏酥脆，而王功的蚵仔炸是用在來米和黃豆混合比例榨漿，包餡裹皮榨成金黃色，外皮酥脆，內餡多汁，所以特別好吃。另一項與蚵仔炸同具歷史的「枝仔冰」，在芳漢路上有兩家超過 50 年的老店。枝仔冰之所以好吃，在於

堅持傳統手工製作，風味獨特。此外，由於王功土壤及氣候條件適合種植花生，因此，當地除了榨油聞名外，芳漢路上的鹹酥、蒜味等花生仁也相當受歡迎。

如果怕找不到停車位，又想一睹王功的真面目，建議可以過芳漢路的王功橋，往漁港路的王功漁港走，這裡停車就方便多了，賞景與用餐的點也相當多。

「王功漁火」曾是彰化八景之一，近年來漁船減少，盛況已不復見。不過，即使夜間沒有漁火點點，來到海邊，登上王功漁港的觀景台，也可以看到漲潮前，一艘艘舢板載著蚵仔回港的熱鬧景象。

王功漁港旁有一座建造於民國 67 年的芳苑燈塔，塔身為八角形，漆以黑白直條紋，轟立在漁港旁相當醒目。燈塔旁有一條觀海堤防，堤防外便是當地著名的潮間帶，在此觀察退潮後潮間帶的生態，經常可見活蹦亂跳的彈塗魚及成群的招潮蟹，走入淺灘，幸運的話還能摸到蛤仔。沿著燈塔後方往新寶村方向走，可以看到一大片的紅樹林，還有為數眾多的白鷺鷥等水鳥棲息，豐富的生態景觀，是極佳的親子教室。

漁港的遊客服務中心旁設有美食區，王功當地的著名小吃應有盡有，在這裡可以大快朵頤一番。建議來王功，一定要吃當地有名的蚵仔炸，也就是一般稱之為「蚵嗲」。消費者可以依個人喜好，選擇內包韭菜、蚵仔、豬肉或花枝。

同樣在旅客服務中心旁，有一間王功蚵藝文化館，展售一些當地民眾用蚵

1. 王功漁港周遭有豐富生態景觀　2. 王功蚵藝文化館作品
3. 王功功蚵藝文化館

殼製作的藝品，巧奪天工、栩栩如生。
只可惜，蚵藝文化館為了生存，內部大
都販賣其他商品，商業氣息比較濃厚，
但入內走走，還是別有不同樂趣。

王功漁港（旅客服務中心）

○ 地址：彰化縣芳苑鄉王功村海埔段 1949 號

○ 電話：04-893-4967

○ 交通指南：自行開車，走高速公路可分別在彰化、員林、北斗交流道下，前往王功。走省道者，
　　　　　　　可沿台 17 線省道，經鹿港或大城前往王功。

彰化鹿港

台灣玻璃館

「台灣玻璃館」是一間位於彰化鹿港彰濱工業區內的私家玻璃作品展示館,入館參觀完全免費。館內二樓除了展示玻璃製品外,並企圖呈現「四面亮麗、八方驚奇」的創意效果。因此,走入館中除了可以欣賞各個亮麗的藝術玻璃、生活家居玻璃及工程玻璃外,館內帶有設計風格的裝飾,更展現令人驚奇的燈光效果。

走上二樓,通往展示區的路上有一條圓弧形的「築夢光橋」,腳下玻璃框內布置成像沙灘的模樣,配合照射的燈光,走在其間倍感新奇!這是通往展示館的一條星光大道,代表著築夢台灣、日月同光的意義!

展示館的空間相當廣闊,館藏擺設方式讓玻璃創作與參觀者之間有零距離的另類接觸,也讓參觀過程有超享受的體驗,團體遊客還可以申請導覽,透過導覽員的解說,更能了解玻璃製品的製作過程與展示品所要呈現的意涵。

各式製品琳瑯滿目,令人眼睛為之一亮,免費的展示館,私人的規模,在中部是個值得探訪之處。整個展示區分為:資訊知性區、工程內裝區、藝術創作區、生活玻璃區、親子體驗區,從中可以領略台灣玻璃工作的蓬勃發展。

展示區內有一座玻璃隧道稱之為「慕

仁巷、陽關道」，這是一條慕仁巷弄，來到玻璃館的朋友可以走進去親身體驗一番。展示館還有一座玻璃迷宮，走入其間，四周盡是玻璃鏡片，讓人有迷幻的感覺。

　　這裡的許多玻璃製品乍看之下不像是玻璃製作而成，光彩亮麗的質感，顯現台灣玻璃工業技術的精湛之處。玻璃項鍊看來精緻漂亮，令人愛不釋手，在一樓的展售區可以買得到。一樓是各式玻璃製品的販賣部，各式玻璃製品琳瑯滿目，很容易在這裡找到自己喜愛的各式飾品，也是個值得參觀選購的好所在。轉角間有一條玻璃珠健康步道，是小朋友的最愛。這裡還有各式玻璃製作的DIY創作活動，大小朋友都興致勃勃，將一樓會場吵得熱鬧滾滾，很有意思。

　　下次來鹿港，除了逛老街、走訪天后宮、買鹿港名產外，「台灣玻璃館」也值得您來走走！

台灣玻璃館
◎館址：彰化縣鹿港鎮鹿工南四路 30 號
◎電話：04-781-1299 轉 266
◎交通指南：自行開車，國道 1 號過彰化交流道，由埔鹽交流道下（國道 3 號，由中興交流道接
　　　　　　八卦山隧道），接 76 快速道路，過台 17 線上台 61 線西濱快速道路，下第一個交
　　　　　　流道左轉進入彰濱工業區，鹿工路，左轉鹿工南三路，右轉工業西六路，左轉鹿工
　　　　　　南四路，即可抵達。

台灣鹽博物館・台灣鹽樂活村

對七股鹽山慕名已久，一直沒有機會前往，這次趁著農曆年回到南部，終於可以來這裡走走。第一次來，對路況並不熟悉，所以從高雄開車走國道 1 號北上，還從麻豆交流道下，轉入佳里市區方抵達七股。其實高雄以南北上台南的遊客，可以從國道 1 號接國道 8 號，轉入省道台 17 線前往，路程會比較短。

七股鹽山幾乎是一般遊客對七股旅遊的代名詞，其實七股地區不只有鹽山，附近同性質的旅遊景點還有「台灣鹽博物館」及新開闢的「台灣鹽樂活村」。而從七股走省道台 17 線南下往台南市區，沿途還會經過七股黑面琵鷺棲息地、鹿耳門天后宮、四草綠色隧道、憶載金城、安平古堡、東興洋行、德記洋行、安平樹屋等景點。

博物館外設有一處冰品、飲料販賣部，包括鹽咖啡、鹽奶茶、台鹽鹼性離子水、鹹冰棒等，都是很特別的冰品、飲料，吸引不少遊客購買。台灣鹽博物館是一座四層樓建築，主要有兩個展區，一處是鹽創意商品區，遊客可以免費進入

1. 台灣鹽博物館香草沐浴鹽　2. 台灣鹽博物館天然海鹽　3. 台灣鹽博物館展覽區　4. 七股鹽山　5. 台灣鹽樂活村招牌
6. 台灣鹽樂活村鹽田　7. 台灣鹽樂活村堆起的小鹽山　8. 台灣鹽樂活村水車

參觀，內部主要展售台灣及世界各國的鹽創意商品，種類繁多，相當有意思。

　　一包 50 元，一袋兩包 80 元的天然海鹽，是最受歡迎的產品。天然海鹽不僅可以洗澡、泡澡、泡腳、按摩，民間傳說還可以驅邪、祈福，以及醃漬食物、去角質、洗滌容器、去除毛巾油汙、鹽水漱口、潤喉等功能。各種花草沐浴鹽含有濃濃的香氣，也很受歡迎。

　　台灣鹽博物館另一邊設有售票服務區，內部利用三個樓層，展示台灣 338年來的製鹽歷史、製鹽過程模型、圖片、口述歷史、世界各國的鹽業發展等。台灣鹽博物館對面即是七股鹽山，鹽博物館在兩地間有接駁小車聯繫，但是假日排隊人潮偏多，想利用小車作為交通工具者，需視情況安排。

　　如果覺得台灣鹽博物館展覽區需要購票入場有點捨不得，又想了解台灣鹽製作歷史與鹽農的生活方式，在台灣鹽博物館旁，由台南市政府文化局所設立的台灣鹽樂活村，則是可以免費參觀，也能粗略體驗台灣鹽業的發展歷史與製鹽過程。這個樂活村目前還有數十戶民宅，裡頭住著當地的鹽農，也是最佳的

鹽業發展見證人。

　　台灣鹽樂活村內設有鹽田復曬體驗文化園區，有實體的鹽田展示，成為最佳的教材。用天然粗鹽堆起的鹽山，成為孩童親密接觸鹽的最佳範本。園區內還設置有古時候遺留下來的水車，讓遊客親自體驗農業社會時代，農夫踩著水車引水灌溉農田的辛勞。鹽田工具展示區則是展示各式鹽農製鹽過程所需要的器具，大人、小孩都可以實際操作，體驗鹽農製鹽的實際過程。園區內設有小小的販賣部，當地盛產的蚵仔相當新鮮，所以蚵仔酥特別美味，來此遊客絕不能錯過。如果想進一步做 DIY 體驗活動，則必須收費，和園區的工作人員聯繫預約，便可歡喜體驗。

台灣鹽博物館
- 地址：台南市七股區鹽埕里 69 號
- 電話：06-780-0990
- 交通指南：自行開車，由國道 1 號轉入國道 8 號，下國號 8 號端接 178 縣道接省道台 17 甲線往七股方向接省道台 17 線，之後循指標轉入 176 縣道或南 34-1 線均可抵達。搭乘公車，可先搭車至佳里鎮，於中山路轉青鯤鯓方向興南客運可抵達。

四草紅樹林綠色隧道

　　清明假期的台南之旅，儘管有兩天兩夜的時間，但還是顯得有些匆忙。沒想到台南府城有這麼多古蹟、景點、美食，真是令人大開眼界！希望將來很快又有機會回到府城走走，換漫遊的方式，好好走訪這一座古老而有內涵的城市。

　　四草位於台南市安南區，從台南市區往安平方向走，經過民權路、安北路，沿著「台江搭船」的標誌走到安北路底右轉，跨越四草跨海大橋，行約3公里見大眾廟標誌右轉，便可以來到大眾廟旁的搭船（竹筏）售票處，而竹筏碼頭就在售票處旁。大眾廟位於台江內海北汕尾島南端，原是一座荒島，廟宇主祀鎮海元帥。鎮海元帥名為陳酉，清朝時協助平定朱一貴之亂有功，累陞提督鎮守台南，乾隆封其為「鎮海元帥」，立廟留名。該廟迄今已有3百餘年歷史，為四草漁民宗教信仰中心。由於台江自然生態豐富，近幾年來吸引不少遊客前來探訪，因此大眾廟旁設有大型停車場，停車便利。

　　「台江」即是現今的鹽水

1. 綠色隧道　2. 綠色隧道竹筏

綠色隧道美景

溪、嘉南大圳及其支流，搭船（竹筏）遊台江有兩條路線，一條需搭台江生態觀光船，一趟行程往返約 70 ～ 80 分鐘，全票 200 元、半票 150 元；另一條則是搭竹筏遊歷紅樹林綠色隧道（排水道），往返約 30 分鐘，全票 150 元、半票 100 元。整體而言，如果時間不是很充裕，又想看到代表性的河道沿途生態景觀，建議選擇搭竹筏遊綠色隧道會是最佳選擇。此行，我們家便是選擇搭竹筏遊綠色隧道。

在台灣，這條紅樹林綠色隧道（排水道）大概是前無古人、後無來者，沿途可以欣賞全台僅有的四種紅樹林（五梨跤、水筆子、欖李、海茄苳）所構成的水上綠色隧道及土沈香、台灣海桐等多種伴生植物；同時又能觀察招潮蟹、彈塗魚。尤其經過一段由樹叢所包圍的綠色隧道，景致美不勝收，除了賞景外，更是最好的自然生態教室，非常適合親子同遊。

四草排水道沿途景色宜人，還可見當年荷蘭人所建的海堡遺跡、台灣最古老紅樹林家族。這些水生樹種，由於生長緩慢，有許多已經超過百年歷史，算是台灣國寶級的水生植物。搭著竹筏出遊，就像冒險家般刺激有趣，尤其行經排水道的綠色隧道這一段，就彷彿來到亞馬遜河般，美麗與豐富的生態景觀，

讓人不時發出驚奇的讚嘆聲，這是生平在台灣少見的美麗景觀！

這條綠色隧道的美，真是令人嘆為觀止，沒有來過的朋友肯定會終生抱憾，來過的朋友將永難忘懷、深藏回憶。這裡從民國 85 年開始行駛竹筏至今，已經有 16 個年頭，算來已經有一段時間了！但我相信還有很多人不曾來過這裡，而我，也是第一次來，感到相當有幸！排水道的終點是當年的釐金局遺址，當時行駛到這裡的運貨竹筏，清朝政府要收取釐金，類似現金的海關。當時採「以千取一」的方式，也就是價值 1 千元的貨物要抽取 1 元的稅金。

從釐金局遺址折回，沿途又可以欣賞到美麗的綠色隧道，不同的陽光角度，展現不一樣的色彩與景致。竹筏上的導遊，沿途介紹這裡的動、植物生態與歷史典故，還不時引領遊客注意觀察河道周遭、水生植物上的招潮蟹、喜鵲巢、本地留鳥等，不僅有趣，也能增長見聞。

大眾廟旁還有一座抹香鯨陳列館，館內存放一對母子鯨魚標本，是國內目前最大、最完整的標本，同時亦展示當地先民所使用的生活用具，極具觀賞價值。

1. 綠色隧道水生植物生態 2. 綠色隧道景致 3. 四草大眾廟 4. 綠色隧道釐金局遺址 5. 四草抹香鯨陳列館
6. 抹香鯨陳列館旁市集 7. 抹香鯨標本

抹香鯨陳列館旁有一小型市集，假日遊客湧入時，生意特別興隆，阿伯的炒米粉、大腸包小腸、豬血湯，還有仙草茶都相當美味，尤其是純正的豬血湯，可不是鴨血冒充的唷！放入口中咀嚼起來的口感相當有嚼勁，超好吃的！另一攤專賣蚵仔煎、蝦仁煎的小攤，也是代表性的美食攤，尤其特別推薦她的蚵仔煎，新鮮美味又好吃，令人垂涎！建議來此遊客，逛完區內各景點後，也可以來這裡大快朵頤一番，一定可以讓您大大滿足。

四草紅樹林綠色隧道
○大眾廟地址：台南市安南區四草里大眾街 360 號
○電話：06-284-1610

安平樹屋‧英商德記洋行

　　來到台南，很高興除了體驗兩家相當舒適的飯店，遊歷赫赫有名的古蹟、大學城之外，最欣喜的莫過於搭竹筏暢遊四草綠色隧道。另外特別值得介紹的，便是走訪安平樹屋與英商德記洋行舊址。

　　安平樹屋與英商德記洋行雖然分屬兩個不同地址，但這兩個地方就比鄰而立，購買一張票（全票 50 元）進入，便可以同時看到樹屋與德記洋行。這裡只要開車往安平古堡方向，循指標便很容易找到，離安平古堡大概只有 800 公尺左右的距離。

　　老榕樹攀附其他物體生根成長的畫面雖不少見，但生平看過這麼大區域範圍榕樹攀附生根的壯觀景象，倒是頭一回！安平樹屋現址最初為德記洋行的倉庫，日治初期作為「大日本鹽業株式會社」出張所倉庫，當時由台南一帶沿海鹽田運來的鹽包都堆放在這座倉庫裡。光復後，這座倉庫改為台鹽倉庫，曾一度荒廢任由榕樹寄生，經過半個世紀，形成如今特有的屋樹共生奇景。

　　安平樹屋奇特景觀，

有段時間曾引起藝術家們的關注，在經費的支援下一度進駐其間。後因活動終止，樹屋再度閒置，直到被劃為安平港國家歷史風景區，於 2004 年底重新整修，增闢便利遊客穿梭其間的木棧道，一氣呵成後，形成全台特殊的地景建築，也吸引更多遊客可以貼近欣賞罕見的景觀。

搭上木棧道，遊客參觀動線便利許多，讓人可以貼身接近這些老榕樹，觀察植物生命的奧祕現象。倉庫的屋瓦幾乎都已塌落，唯獨磚牆還在，讓後人可以隱約看到當年倉庫的原貌。如今，這連棟的倉庫似乎已成了榕樹的家。當年堆積鹽包的輪胎墊圈因未移走，經過歲月累積，受到老榕樹氣根攀附盤生，呈現大自然「靜」與「動」之間的角力，也留下這幅歲月的痕跡。有階梯可以爬上高處欣賞這難得一見的景象，更增加震撼感。老榕樹氣根自然地從損壞的屋頂垂下攀附生根，形成「樹以牆為幹、屋以葉為瓦」的有趣景象。

原英商德記洋行創建於清同治 6 年（1867 年），大多從事鴉片、樟腦、砂糖等大宗貨物交易。光緒 21 年（1895 年）台灣割讓給日本以後，日本政府取消鴉片、樟腦大宗貨物交

易權，改為專賣，洋行的貿易量因此銳減，加上安平港日漸淤塞，影響船舶載卸，洋行紛紛關閉，僅德記洋行仍繼續營業。

1911 年安平的洋行全數關閉後，日本人將德記洋行改為鹽業會社，二次世界大戰後，再改為台南鹽場辦公廳舍。民國 68 年，台南市政府將德記洋行收回並整修，做為台灣開拓史料蠟像館。現存外牆以白灰粉飾，左右空地種植草皮花樹，環境清爽乾淨，更襯托建築之美。德記洋行與先後建立的怡記、和記、東興、唻記，合稱安平五大洋行。洋行建築多數採西方建築形式建成，因此視覺上與台灣傳統閩南式建築迥異，在台灣保存不多。

德記洋行是棟二層樓建築，主樓梯設在正向中央，當年的一樓原為行員宿舍，走道居中，東西南三面均圍繞拱廊，二樓走廊圍以綠釉瓶飾欄杆，加上白色粉牆，簡單卻充滿建築美。迴廊的感覺有點像台灣一些老街的建築形式，尤其是拱型外觀。一般而言，西方人在台灣所建的房舍中，大都會採拱廊模式，以避雨水及日曬，因而拱圈成為建築上主要呈現方式。紅地磚幾乎是當年同一時期的建築材料，許多古蹟廟宇也都鋪這樣的地磚。內部空間放置許多蠟像供遊客參觀，但標明展示館不可拍照，因此不方便留下太多館內相片。

安平樹屋
◦ 地址：台南市安北路 194 號
◦ 電話：06-3913901

英商德記商行
◦ 地址：台南市古堡街 108 號
◦ 電話：06-3913901

安平古堡

看一部台灣史

大概有 20 餘年沒來過安平古堡，除了那幾門大砲，對這裡的印象有些模糊！最近幫女兒複習社會課，發現台灣史就從荷西、明鄭時期開始，安平古堡（熱蘭遮城）便是那段歷史的重要古蹟，加上妻子和兩個孩子都不曾來過，於是這次台南行，說什麼也要來安平古堡一趟。

清明假期的台南陽光不小，來安平古堡的遊客也很多，遊客大多數穿著短袖上衣，還有不少人撐傘，真是標準的南部天氣。安平古堡都是由紅磚砌成的城堡，儘管有些城牆已經頹圯，但城牆看來還是很厚、很堅固。

荷蘭人以軍商結合的隊伍，在 1624 年攻占今日的安平，並建造熱蘭遮城，全部工程於 1634 年完成。日據後重建，稱此為安平古堡，目前真正的荷蘭時期遺跡，僅存古堡北側平台下兩段當年內城半圓堡殘跡，以及古堡前方馬路邊原為外城城垣的磚牆，老榕樹盤根，見證 3 百年的滄桑史。明鄭時期，因鄭成功父子曾居住於此，因此安平又稱「王城」、「安平城」或「台灣城」。鄭成功驅逐荷蘭人隔年就病逝，其子鄭經在陳永華的輔佐下，積極建設台灣，包括獎勵中國人來台開墾，與英國、日本等國通商，在台南興建孔廟教育人民，在各地設立學校，

1.安平古堡荷蘭時期遺跡　2.安平古堡砲座

並制定考試制度，選拔人才。

登上這座瞭望台可以看到台南運河及台南市地形面貌，但樓梯比較窄，上下樓得要小心。這裡也有古井，但都已封閉，證明當年這座城堡的生活機能相當齊全。城堡內有展示一些鄭成功史蹟，安平古堡的模型、文物等等，很有參觀價值。這幾座砲台大概是我對安平古堡記憶最深刻的印象，因為當年曾在這裡留影。

古堡對面便是改建後的熱蘭遮城，內部一樣有不少歷史文物與圖說展示，同樣很值得參觀。

台灣曾被荷蘭人、西班牙人、日本人先後統治，這裡有原住民、早期來自中國的移民、還有國共內戰移民來台灣的中國各省移民，多元的文化與制度的薰陶，孕育出多元的生活方式與民情風俗、古蹟、美食。這裡從葡萄牙人口中的福爾摩沙到今天21世紀發展，依然充滿美麗與神奇！這裡的一景一物豐富而多元，來台灣，看到的是多元文化融合的縮影，人民的友善與國土環境生態，絕對是世人讚嘆稱頌的美地。

安平古堡入口前有一處市集，假日來安平古堡參觀的遊客特別多，當然來市集走逛的遊客也絡繹不絕，有當地小吃、名產、童玩，還有一些飾品、鞋子、玩具等，有時間也可以來逛逛！

安平古堡
○地址：台南市安平區國勝路 82 號（國家一級古蹟）

INFO

從眞愛碼頭到旗津

旗津走逛

高雄旗津

以往回高雄，有機會搭渡輪到旗津走走，大都以鼓山輪渡站為出發站，或是開車到旗津停好車後，再搭渡輪到鼓山輪渡站，接著到西子灣或是哈瑪星附近走走。西子灣、壽山公園、鹽埕埔是我當年在壽山公園山上當憲兵時，早晨跑步或是放假後經常活動的區域，那裡曾經有我的回憶。

農曆年回南部，特別找了一天，在兩個孩子有人陪伴、照顧的情況下，與妻子搭高雄捷運橘線到鹽埕埔站附近走走。印象中那裡是早期高雄相當繁華的一個區域，當時的大新百貨公司、地下街、高雄市政府全都在那，附近還有愛河的美麗景致，只是如今地下街早已關閉、高雄市政府已遷移，而大新百貨也隨著高雄的商業中心轉移而日趨沒落，如今就剩愛河還保留一絲熱門景象。

我和妻子徒步走訪了駁二藝術特

1.抵達旗津輪渡站 2.真愛碼頭至旗津輪渡站

區，當天天氣不是很好，而且還帶點寒意，街上行人、逛街遊客稀少，駁二特區有許多展示空間都關著門，讓我們玩興大減，於是便沿著自行車道一路走到真愛碼頭。忽然間聽到碼頭上有服務人員高喊著：「往旗津的渡輪快要開了！」當時才恍然，原來這裡也有搭往旗津的渡輪！就這樣，我們兩個人總共投了40元硬幣，便匆匆上了渡輪。

從真愛碼頭上渡輪的遊客要比鼓山輪渡站的遊客少了許多，所以上渡輪之後，座位不少，輪艙裡也顯得有些空闊。往旗津的路上，儘管天氣有些遭，景色帶著迷濛，但感覺還是很美，在台灣，很少有機會可以搭渡輪行駛內海，看看有如海市蜃樓的景象，高雄算是台灣之最！

往返真愛碼頭與旗津之間的渡輪不算小，搭乘的感覺相當舒適，行程時間也比旗津、鼓山之間的時間來得長，可以較長時間欣賞美麗的海景，一趟每人20元票價也很划算。到了旗津輪渡站，站前便是筆直的旗津老街，首先映入眼簾的便是旗津傳統人力載客腳踏車。這樣的一台車可以坐兩個人，在台灣應該

1. 旗津媽祖廟　2. 旗津傳統餅

是碩果僅存，很值得回味唷！

　　旗津的媽祖廟香火鼎盛，每到假日人潮湧入，媽祖廟更是人山人海，和逛街的遊客不相上下。大約 200 公尺左右的旗津老街，沿路可以看到不少海產店，大店、小店都有，我的建議是貨比三家，盡量找老店或大一點的店，品質比較有保障。

　　旗津老街上的店家、攤販很多，而且幾乎清一色都是賣吃的，尤其以海產類居多，像燒酒螺、烤魷魚、魷魚絲等，保證讓您看的眼花撩亂。特別留意這條街上有幾家專門賣這種傳統古早味的沾醬番茄切盤，這幾乎就是我小時候常吃的番茄處理模式。沾醬番茄的特色在於它的沾醬，一般除了醬油膏外，還會摻入老薑泥、糖粉、甘草等，沒吃過的朋友不能錯過番茄沾醬的滋味！

　　這裡有家「不一樣赤肉羹」，可以發現每到假日，店前便排了一大票人，老店的赤肉羹有電視台介紹、加持過，但是如果不好吃，恐怕好生意也不會維持太久，瞧瞧顧客絡繹不絕，可想見它的美味，這家也來嘗試看看唷！老街上也有一家創立於清光緒 21 年（西元 1895 年），超過百年的餅鋪，南部人製餅的風格和中、北部口感略有不同，想嘗鮮的朋友可以買幾塊餅品嘗看看！

高雄鼓山

西子灣紅毛城

打狗英國領事館官邸

　　來西子灣好多次了，卻是頭一次登上被稱為高雄紅毛城的「打狗英國領事館官邸」。這裡是國家二級古蹟，1865 年「英商天利洋行」所建造，由英國人設計，採歐洲新文藝復興風格、以維多利亞式時代的洋樓造型建造而成。

　　1860 年北京條約，台灣開放打狗、安平、淡水、雞籠四個港口，英國率先在淡水設立領事館。1864 年英國駐台領事館由淡水遷至打狗，英國政府向天利洋行承租本館，設立打狗英國領事館；直至 1909 年日本統治台灣時期，要求各國領事館辦理移轉，次年英國關閉打狗領事館；1925 年由日本購得該館所有權，後於 1931 年設立海洋觀測所。1945 年台灣光復，國民政府將該館改設為氣象局觀測所；1986 年該館修建後，作為高雄史蹟文物館；2004 年該館採委外經營方式，由民間公司取得整修暨經營管理權。

　　該館保持的相當完整，南面為正門入口，可遠眺

1. 西子灣紅毛城 2. 西子灣紅毛城正面 3. 西子灣紅毛城側面

旗津燈塔；東面可俯瞰高雄港全景；西面則能眺望西子灣、中山大學及台灣海峽，欣賞大船出港的美景。領事館所用的磚塊看來特別堅硬，這是來自大陸廈門所產的手工磚頭，砌工相當平整，灰漿是由石灰、糯米、糖汁及少量牡蠣殼粉所混成。竹節狀落水管，是清末洋樓的建築特色，作為排水之用，當代仍被運用。迴廊適用於炎熱多雨的氣候，領事館南向立面有五組大拱圈和二組小拱圈；西向立面一樓則由四組弧拱立於左半部，二樓則有六組大拱圈與二組小拱圈，以對稱方式構成。

　　精良磚功所砌成的空花洞欄杆，小孔開三個，大孔開五個，每道欄杆的下緣設有許多排水孔；欄杆下的台基石呈 45 度斜角，方便排水。牆肩包括頂冠帶與簷牆，頂冠帶以磚砌成許多小斗拱，簷牆上有基腳，闢有許多矩形開口，每隔一段留有柱位，對準拱廊。南向主入口處七階石階梯，石材建造為當年來自福建所產的白花崗石，有別於磚砌，乃強調入口意涵。白色木門素雅大方，與紅磚牆面、地板搭配，渾然天成，別有一番風格。

　　展示館內還有蠟像，栩栩如生，刻烙歷史痕跡。從東向迴廊拱圈往外望，可以看到高雄港碼頭與街景，別有洞天。漆成黃色的地板與門窗，以及藍色調

1. 牆肩 2. 戶外餐廳與表演場 3. 蠟像 4. 西面則可以眺望西子灣、中山大學及台灣海峽 5. 關外籍犯人的監獄

的門窗，都增添視覺上色彩的豔麗，展現新文藝復興時期的風格。

　　領事館東向一隅有一塊空地，如今作為戶外餐廳用地，經常舉辦各式音樂表演會，增添更多休閒樂趣。從這裡可以遠眺高雄港，景色迷人，總是吸引不少遊客駐足小憩。在此喝杯咖啡、飲料，與好友、家人聊天敘舊，可以感受古典又浪漫氣息，猶如一處世外桃源。

　　地下室也有不少圖像、掛圖展示，可以回顧百年前的歷史軌跡。角落裡有當年關外籍犯人的監獄，有如迷宮般，如今吸引不少遊客透過小洞探索，是個很有意思的地方。西向多扇白色木門、木窗與迴廊拱圈，可以眺望海洋，是欣賞西子灣景色的絕佳好地方。當年固定木門的卡榫，如今已經少見，展現前人的建築風格與智慧。

　　走一趟西子灣紅毛城，領略先人的建築智慧，欣賞美麗、雅致的建築之美，令人不虛此行，這裡給我的感覺真棒！

打狗英國領事館官邸

○ 地址：高雄市鼓山區蓮海路 20 號（中山大學大門口右側山頂）
○ 交通指南：
　　1. 自行開車：走建國路，於建國四路右轉大公路橋（或走中正路，於中正四路接大公路、大公路橋）後左轉鼓山一路，右轉臨海二路，左轉哨船街，接蓮海路可抵。
　　2. 大眾運輸工具：可於高雄火車站前公車站搭乘 248 或 50 號公車可抵。搭乘高雄捷運紅線至美麗島站，轉橘線至西子灣站，在 2 號出口站前搭乘接駁公車「橘1」即可抵。

景觀咖啡廳「魔幻咖啡」

悠閒看海、聽海濤聲

台灣南部山林景致受氣候條件影響，儘管沒有中、北部來得美麗、有靈性，但屏東縣境內屏鵝公路的海岸線卻擁有美麗的海灣、岩岸與沙岸。這裡的景致即使和北海岸、東北角海岸略顯不同，但不同人對於環境感受差異，或許有人認為屏鵝公路海岸線的美妙更勝於全台各地。

盛行於北海岸的景觀咖啡廳，在屏鵝公路海岸線上也找得到。從南二高南州下交流道轉入台1線省道，沿著通往墾丁、鵝鑾鼻燈塔的屏鵝公路來到枋山鄉，過了枋山最大的村落：「加祿」不遠，也就是約在屏鵝公路 448 公里至 451 公里處，綿延約 3 公里，這一帶的海岸線與路旁的景觀咖啡廳相互結合，是極適合停好車，欣賞美麗海景與喝杯咖啡的好地方！眼尖遊客在前往墾丁或台東途中經過此處，總是會不由自主地想停下車，看看這裡的迷人海景。

　　「魔幻咖啡」就位於屏鵝公路448公里靠海處的一長排休息站其中一間，一旁就是「全家」便利商店，相當好找。這裡緊鄰台灣海峽，咖啡廳前設有廣大停車場，停車相當方便。咖啡廳除了室內區外，餐廳後方則設有露天咖啡座，可以沿著小徑通往海灘，與大海親密接觸。來到這裡的客人，都會覺得它是個浪漫又愜意的地方。

　　「魔幻咖啡」的男主人在當地開設行動咖啡起家，擁有20餘年調配咖啡的經驗，所選用的咖啡豆都經過多年經驗，依需求洽請咖啡商做烘焙處理，咖啡口感倍受好評。除了咖啡之外，鬆餅冰淇淋也是主人的拿手好料，當然也提供簡餐，讓客人有更多選擇，可以留住客人來欣賞、品味這裡的美景。

　　「魔幻咖啡」的建築、環境與海岸相互結合，景致充滿浪漫與悠閒，這是我要的感覺！和都市裡一群庸俗的人群與惡臭、備受人性汙染的環境大異其趣。建築中有不少木頭打造、裝飾而成，其中還有不少漂流木的利用，呈現原始的建築風貌。在這裡喝上一杯咖啡或是冰品、看看雜誌，聽聽海濤的聲音，看看大海的壯闊與海上漁船來來往往，可以讓人放鬆心情，享受眼前的美景與悠閒

氛圍，一切工作上或與人相處的不愉快，世俗無謂的爭奪與人心的醜陋，都能暫時拋諸腦後！

　　帶孩子來這裡，雖然不夠浪漫，但兩個孩子喜歡在海灘上追逐、築沙堡，誘惑當前，讓我與妻子更有獨處的機會，也有空餘的時間可以領略大海的遼闊。孩子高興的跟我說，他們用石頭和木頭做了一張椅子，像是激發他們的創意、搭起他們的夢想般！

　　在沙灘漫步、看看眼前的景色，觀察大人與孩子的互動，很希望大家的心胸與心境都和大海一樣遼闊，為愛與善留下些空間與角落、留給自己！

魔幻咖啡
◦地址：屏東縣枋山鄉加祿村南和路 80 號（台 1 線省道 448 公里靠海濱處）
◦電話：08-876-1629
◦手機：0932834837
◦交通指南：自行開車，國道 1 號於五甲系統交流道轉入 88 快速道路，接國道 3 號，行駛至南
　　　　　　州交流道下，往新埤方向，循往墾丁方向，遇台 1 號省道右轉，直行經水底寮、加祿，
　　　　　　至台 1 線省道 448 公里，見全家便利商店，靠右可抵。

屏東牡丹

旭海大草原

　　屏東牡丹鄉旭海地區靠近太平洋，這裡不僅有溫泉、著名的阿郎壹古道，還有旭海大草原。阿郎壹古道是台灣環島公路唯一一段未開闢完成的路段，由於一般遊客車輛無法抵達，古道內不僅有豐富的自然生態，更有台灣唯一未被人為汙染的海岸線。而一般遊客可以駕車抵達的旭海大草原，宛如綠島牛頭山、貢寮桃源谷景致，位處山坡上，三面環海，可以眺望太平洋，也能看到阿郎壹古道那段人煙罕至的海岸線，視野令人驚奇！

　　駕車前往旭海大草原，可以從車城轉入 199 縣道，經四重溪、石門、牡丹水庫、牡丹，轉入 199 甲線，從 199 甲線前往旭海村約 9 公里，抵達旭海村後，循「旭海大草原」指標左轉上山約 3 公里便可抵達。

　　旭海大草原設有遊客服務站、停車場、觀景平台，從這裡可以眺望太平洋，景致宜人，是南台灣獨具特色的地形面貌。遊客服務站的觀景平台正是眺望太平洋的好地方，視野相當遼闊，最引人注目的莫過於能

1. 旭海大草原沿途可見野放水牛　2. 旭海大草原觀景亭

看到阿郎壹古道的海岸線，讓無法親臨這條生態古道的遊客，可以揭開古道的一絲神祕面紗。

　　循著步道、木棧道往大草原走，沿途布滿海岸植物，從遊客服務站至大草原上的平台涼亭大約只有 300 公尺，路況並不算陡峭，老人家也能撐上一會兒。

　　抵達台地大草原，可以一望無際，看見周遭山巒，以及環繞 270 度的太平洋。行動比較吃力者，能在平台涼亭內休憩，從這裡瞭望周遭景致，同樣美不勝收；腿力較佳者，可以繼續往濱海的木棧道走去，一段下坡路段，前進不遠，便能更接近太平洋。

　　大草原沿途可以發現野放的水牛，景致和陽明山擎天岡、貢寮桃源谷、綠島牛頭山有異曲同工之妙，而旭海大草原是很難得可在台灣南部看到的地形景觀。

　　大草原步道屬於環狀形，可以繞行一周，一路上的景觀頗有變化，尤其是靠海部分，能享受海天一色的蔚藍景致，即使在冬日裡，也可曬到溫煦的太陽。對南部遊客而言，這裡無需長途跋涉，不必遠赴台灣北部或是離島的綠島，輕鬆即可領略多元景觀與氣象萬千景致，是一處不可多得的踏青好所在。

旭海大草原是台灣南部的美麗景點

關山

俯瞰恆春縱谷 & 台灣海峽

　　關山的名氣應該是我這次拜訪恆春半島中，僅次於四重溪溫泉區的一處知名景點。這裡位於恆春半島西南方，古稱「高山巖」，當地是一處突起的台地，北望大平頂傾斜台地；往東可以鳥瞰恆春縱谷平原、龍鑾潭；往南能眺望貓鼻頭至鵝鑾鼻海岸線。福德宮後方有三處觀景亭，可以眺望台灣海峽與整個紅柴坑海岸線，是觀賞夕照及遠眺的極佳地點。

　　關山台地的福德宮依附礁岩興建，相傳已有200多年歷史，供奉土地公福德正神。福德宮前有一天然岩洞，名為「通海洞」，展現當地獨特的礁岩地形，但現已封閉。右方有一座「靈龜石」與相傳由菲律賓飛來的石頭，名為「飛來石」，是到關山除了眺望恆春縱谷與西部海岸線、賞夕照之外必來的景觀。

　　許多遊客來到靈龜石，都會將許願牌結在龜石上，不僅破壞龜石結

構，更會妨礙觀瞻，於是管理單位在龜石旁設立一個許願物品懸掛處，看來乾淨許多。

　　每年土地公生日時，來福德宮膜拜的信徒相當多，也讓這座寺廟的名氣更加響亮。宮前廣場更是俯瞰恆春台地的極佳地點，從這裡除了可以俯瞰布滿銀合歡的恆春縱谷外，更能遠眺遠方恆春半島當地的各個山脈、溪流與南灣海岸線，景致宜人。

　　沿著環狀步道，可以通往福德宮後方的三處觀景亭，這裡是眺望恆春半島西部海岸公路與台灣海峽的最佳地點。在觀景亭上，不僅有絕佳眺望台灣海峽的景觀，更能夠欣賞落日餘暉、漁船點點的美麗景象。

　　福德宮東方位置的兩處觀景亭視野極佳，紅柴坑、萬里桐、恆春西台地與西海岸等獨特地形可以一覽無遺。雖然當天來此，離夕照還有一段時間，但瀏覽當地景色已經甚是滿足，想像中的落日想必很美，留待將來有機會再拜訪恆春半島時，再續關山夕照美景之緣。

高山巖福德宮

○ 地址：屏東縣恆春鎮山海里檳榔路 17-1 號
○ 交通指南：台 26 省道 22 公里處南行約 1 公里至恆春工商，右轉屏 162 線，接 158 線至田尾，
　　　　　　右轉屏 164 線，再左轉屏 161 線約 4 公里可以抵達。

瓊麻工業歷史展示區

　　占地寬敞、傍晚景致宜人，落山風吹過園區裡的木麻黃樹間，帶來一點涼意與落寞，園裡還密布著株株瓊麻與瓊麻工廠遺址的身影，在台灣，這裡算是唯獨僅有。遊客走訪恆春半島，想找尋恆春三寶之一的瓊麻蹤跡，這裡，您絕對不能錯過！

　　洋蔥、瓊麻和港口茶並列為恆春三寶。其中，瓊麻是做麻繩的主要原料，原是恆春半島主要經濟產物，但隨著時代演進，人造纖維取代這種已不具經濟價值的作物，至此，用瓊麻製成的麻繩逐漸被淘汰。現今恆春地區幾乎已經乏人種植瓊麻，轉而改種洋蔥或西瓜等作物。

　　為詳細記錄過去恆春瓊麻的風光歷史，墾丁國家公園管理處在原來的恆春麻廠遺址，特別設立了瓊麻工業歷史展示區，以瓊麻發展歷史為主，詳細記錄瓊麻如何為恆春半島帶來的經濟效益及演進過程，並在園區內種植不同品種的瓊麻與保存展示當年製作麻繩的機器設備，包括：日據時期瓊麻廠房舍、水池、拉麻台等，以及現今的自動採纖機、辦公廳舍、輕便軌道、台車、曬麻場、瓊麻園、地磅等。

　　瓊麻於西元1901年從墨西哥引進台灣，1903年開始在恆春地區種植，1913年一家民營的日本公司在現今的瓊麻工業歷史展示區成立台灣纖維株式會社恆春出張所，1914

年開始生產麻絲，後來因一場大火，將原有廠房燃燒殆盡。

　　瓊麻屬於龍舌蘭科植物，其纖維製成的麻絲浸泡在海水中不會腐爛，是製作纜繩的極佳原料。一株瓊麻種植約3年後開始採收，一般可以採收約6～7年，在瓊麻即將死亡前2年，會在其旁留下一些新芽，於行間栽下新苗，等到2年後舊株死亡後，新苗便可以接著採收。

　　恆春地區因為乾旱長達半年，不適宜農作物耕作，而瓊麻可以克服惡劣環境，甚至抵擋落山風侵襲，因此極適合在當地種植。然而，當年因為大量栽植瓊麻，恆春一些土地都被開墾殆盡，林相遭受嚴重破壞，瓊麻也成為當地的生態殺手。當年隨著瓊麻產業蓬勃發展，日本人在1941年於滿州鄉成立第二家瓊麻加工工廠，但隨著第二次世界大戰，日本戰敗，原有的工廠也隨之停止運轉。

　　台灣光復後，當地瓊麻農戶，使用小型機器自己加工，但因為小機器沒有水洗設備，以致於生產的麻絲品質不佳，市場競爭力也不足。更有甚者，這些小機器常因農民操作不慎而將手絞斷，所以台灣省農林廳於民國54年從英國進口一批具有水洗設備的瓊麻機，並將原來的恆春麻廠重新加以整理，隔年又進

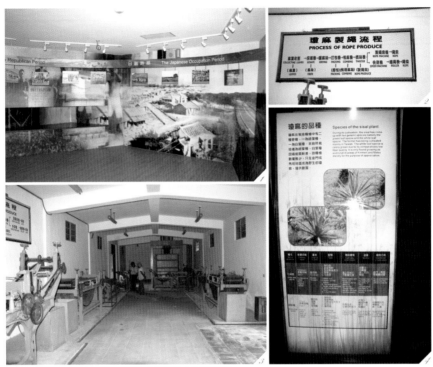

1. 瓊麻主題館內部展示　2. 製作瓊麻流程　3. 機具室　4. 瓊麻主題館

口一具大型機器，並加以仿製，使得當時擁有 9 部機器加入運轉行列，台灣的瓊麻工業自此步入自動化時代。

　　就在一片看好聲中，瓊麻工業將蓬勃發展之際，民國 55 年人造纖維開始上市，由於重量輕、價格低廉，之後完全奪走了麻繩市場的占有率，於是恆春的瓊麻產業自此走入停產、停止栽植的悲慘命運。尖銳的瓊麻葉脈，頂部相當銳利，當年在屏東服役的傘兵，最怕降落時落在這些瓊麻上，後果可能會不堪設想。

　　瓊麻主題館詳細記錄過去恆春瓊麻的風光歷史，以及瓊麻的起源、分布、種類等，一旁還有一間影片放映室，可以讓遊客迅速了解恆春與瓊麻的歷史淵源。

　　瓊麻工業歷史展示區現址，擁有將近 100 年歷史，占地廣大，密布木製及

閩南式展館，還有當年火災後遺留下來的斷垣殘壁，極具歷史價值，能讓遊客緬懷過去瓊麻產業走過的輝煌歷史。展示區內有一座當年台灣纖維株式會社興建的日本神社遺址，鳥居相當於中國廟宇的山門，在這座鳥居後的地基殘岩，便是神社所在。

　　瓊麻工業沒落後，當年遺留下來的機器設備幾乎都放置在機具展示室內，包括有打包機、梳麻機、手割機、燃絲機等。資料展示室原是台灣纖維株式會社恆春出張所興建的單身宿舍，日本人離去後荒廢，墾丁國家公園管理處依原建築形式整建，並規劃展示內容，包括：瓊麻圖、瓊麻工業機具模型、瓊麻絲製品、台灣纖維作物製品等。

　　這裡的遊客不多，但是懂得門道的朋友一定不會放過這處可以引人發思古幽情的場所。這裡展現的幽靜與結合恆春人過往記憶的氛圍，搭配著斷坦殘壁與傍晚時的落日餘暉，還有不時傳來的蟲鳴鳥叫，是都市人嚮往的天堂。

瓊麻工業歷史展示區
- 地址：屏東縣恆春鎮草潭路 4 號
- 電話：08-886-6520
- 開放時間：8:00 ～ 16:50
- 交通指南：走台 26 線屏鵝公路南海路段轉入南光路到底，右轉草潭路可抵。

台電南部展示館

　　台電南部展示館就在後壁湖遊艇碼頭旁，在大多數人的刻板印象裡，台電的展示館可能只是看看一些硬體展示，內容或許有些單調，如果抱持這樣的想法，你就錯了！這處台電展示館是我見過景色最美的展示館，光看它的戶外景觀，除了當地經常可見的大藍天外，一派幽靜中，又有南灣美麗的海岸線相互點綴，而地理位置又緊鄰後壁湖遊艇港與漁港，經常吸引一些遊客前來參觀，對經常走訪恆春半島的遊客而言，這一站可算是老少咸宜的景點。

　　走進台電南部展館，如果時間允許，可以來 3D 立體劇場免費觀賞 3D 立體影片，從早上 9 點至下午 4 點，每天約播放 6 場次。進入劇場內，工作人員會贈送每位遊客一個 3D 紙製眼鏡，看完影片出場後，眼鏡免費贈送給遊客。若想將眼鏡製作成萬花筒，出口還有美麗的服務小姐為您示範作法。

　　一樓與二樓都設置有展示設備，一樓的電力館展示從 1888 年劉銘傳最早在台灣推動發電事業起，到 1946 年成立台灣電力公司至今歷程。館內並設有即時珊瑚生態觀測，提供核三廠入水口珊瑚

礁生態區即時影像，可看到珊瑚礁附近聚集許多小魚，自由自在的生活，而珊瑚礁也是小魚們避免大魚攻擊的避風港。此外，一樓的水族箱裡，也可以欣賞精彩的珊瑚礁魚種，燦爛奪目的魚兒悠哉的游著，讓遊客目不暇給，看得入神。

　　館裡還設有風力發電即時看板與各種發電種類介紹。風力發電在恆春已經成為新地標，每部風車在轉速 20 轉／分以上時，其輸出可達 1,500 度電／小時。核能發電也是台灣重要的電力來源之一，二樓展示館內設有體驗核能反應器模型、多重防護屏蔽、核能是大力士、放射性廢棄物的處置等展示說明。

　　台電南部展示館也有販賣台電冰棒，這裡的冰棒很特別，製作冰棒的水源是取自核三廠的海水淡化水，口感更不一樣，常吸引遊客人手一支。展示館一隅可以看到南灣的美麗風光，除了遠方的山丘與南灣海域外，一旁台電風葉發電機不停地轉動著，還有大片的太陽能面板，美麗的景致構成台電南展館最迷人的本錢。

台電南部展示館
◦ 地址：屏東縣恆春鎮大光里大光路 79 之 64 號（後壁湖遊艇港旁）
◦ 電話：08-886-7630
◦ 開放時間：周二至周日 8:30 ～ 16:40。周一（逢假日順延）、農曆除夕、年初一休館。
◦ 交通指南：自行開車，走台 26 線屏鵝公路南海路段轉入南光路到底，左轉屏 153 線砂尾路至
　　　　　　 大光派出所左轉循指標可抵。

INFO

眺望貓鼻頭礁岩

麗的美景,各種不同的石珊瑚、軟珊瑚覆蓋海底,各式熱帶魚、海鰻、蝦、貝類、海藻等海洋生物種類繁多,也讓這裡成為浮潛者的天堂。而鄰近的後壁湖漁港,各種刺激有趣的海上活動,例如:飆艇、香蕉船、拖曳傘、外海潛水、海釣等,還有海底觀光半潛艇,都是當地有名的海上(底)運動。

　　遊客中心旁遍植當地特有的樹種:棋盤腳,母蕊果很像蓮霧的蕊果,公蕊果長得特別碩大。而小時候都拿它的樹葉編成吹笛或做些動物造型的林投樹,果實成熟時可以用水燒來當飲料喝,林投汁清涼退火,是消暑的最佳飲料。

　　遊客服務中心前的步道往山坡處走,這是貓鼻頭風景區的精華區,上方有一觀景台,擁有遼闊的視野,可以看到貓鼻頭周遭全貌,奇特的裙礁海岸、巴士海峽與台灣海峽都能清楚映入眼簾,相當美麗。

貓鼻頭風景區

○地址:屏東縣恆春鎮貓鼻頭公園內
○電話:08-886-7520
○開放時間:8:30 ～ 18:30(每年 4/1 至 10/31)、8:30 ～ 17:00(每年 11/1 至翌年 3/31)。
○門票:免費。停車費,大型車 60 元、小型車 40 元、機車 10 元。
○交通指南:走台 26 線屏鵝公路南海路段轉入南光路到底,左轉接西部海岸景觀道路,接屏
　　　　　153 線大光路,左轉接屏 161 線到底可抵。

後壁湖漁港

屏東恆春

海景、海鮮皆誘人

恆春鎮漁會就設在後壁湖漁港的漁會大樓內,大樓建築以魟魚為造型,一改以往魚市場給人髒亂的印象。這裡提供遊客整齊、清潔、衛生的環境,買魚產、吃海鮮都相當便利。

後壁湖屬於漁港與遊艇港功能合一的複合式港口,經常可見漁船與遊艇相偕出港的景象,加上當地的自然環境相佐,景色頗有地中海風格。此處的遊艇碼頭是台灣首座國際級的專業遊艇港,除了可以搭乘遊艇飽覽恆春半島海岸景觀外,還提供各種刺激有趣的海上活動,例如:飆艇、香蕉船、拖曳傘、外海潛水、海釣等,還有海底觀光半潛艇,非常適合親子同遊。

在台灣本島,除了東北角龍洞外,後壁湖地區海岸則是南台灣有名的浮潛基地。此處的海水蔚藍清澈,擁有種類繁複的熱帶魚、海草、珊瑚及貝類等,讓來此浮潛的遊客

大光海灘

後壁湖海洋資源保護示範區

　　大光海灘就在後壁湖遊艇港旁，靜謐的海灘上披上一層開著紫色花朵的馬鞍藤，像披著紫綠外衣的少女般，乍看下更令人神往。一旁盛開著果實的毛西番蓮，採下一顆果實來品嘗，味道與百香果一樣酸中帶甜，更令人讚嘆大自然的美妙！

　　台電核三廠、台電南部展示館、後壁湖港，以及台電三座風力發電機都在這處海灘附近。悠閒走在海灘上，輕輕抬頭便能看到三座風力發電機的風葉不停地轉動著，這般台灣少見的景致，剎那間，和海灘、海浪、海景，形成一幅美麗的圖畫。

　　後壁湖海洋資源保護示範區附近海域，搭配著附近恆春半島隆起的山丘，景致相當曼妙！尤其附近海底蘊藏豐富的珊瑚礁岩，當隨著海水的沖積，海灘密布著不少的珊瑚，常見者如鹿角珊瑚、菊珊瑚、

1. 大光海灘就在後壁湖遊艇碼頭旁
2. 大光海灘
3. 大光海灘附近的風力發電風扇
4. 大光海灘毛西番蓮
5. 大光海灘布滿細珊瑚

腦紋珊瑚等。當地退潮後的潮間帶，生態資源更是豐富，像是馬糞海膽、刺冠海膽、寄居蟹、海牛、海兔、海蔘等經常可見。海中的藻類資源也相當豐富，靠近沙灘的淺海，在海水退潮時更容易觀察。

要來欣賞這裡豐富的潮間帶生態，建議每天退潮至早上 9 點這段時間來最棒，尤其是每個月農曆初 7、22、23 日左右最佳，初一及十五是大滿潮時間，比較不宜。

走遍台灣各地，也踏過不少處海灘，不曉得是否因自己曾經在南部生長？當踏上這片海灘時，心裡的感受更加踏實與溫馨。這裡除了渾然天成的景色與帶些幽靜的氛圍，沒有人潮的喧囂外，對我而言，還多了一份親切感。遠方的山丘、天空的白雲與乍現的烏雲、咫尺間的風力發電葉扇、多層次的海浪、礁岩上的青苔或海藻，都訴說著我對這裡的依戀。

看到恆春半島南灣上的大光海灘，我想你已經開始醞釀下一次的旅行，可以和我一樣，一起來感受國境之南的優美！

大光海灘

○交通指南：走台 26 省道（屏鵝公路），往墾丁方向見左側天鵝湖溫泉飯店後右轉接屏 153 線，
經瓊麻工業歷史展示館續行到底左轉，循屏 153 線砂尾路往大光、台電南展館、後
壁湖方向，見大光派出所左轉後不久便可抵達。

Chapter 3

東台灣

大溪漁港

新鮮、豐富多樣的魚貨

假日的大溪漁港魚貨真的很多,加上這個漁港交通堪稱便利,就在台2省道濱海公路頭城鎮境內,還擁有廣大的公共停車場,魚貨多,假日人潮也多,不嫌棄鹹鹹海水味道,又喜歡買新鮮魚貨、吃魚製品的朋友,真的可以來這裡走走。這裡最大的優勢是,停車場在省道旁,而漁港的魚貨街就在停車場旁,不用走太多路程,輕鬆又便利。

從北宜高頭城交流道來此,車程大概20分鐘,在宜蘭頭城沿海漁港中,這裡應是遊客最高、魚貨交易最熱絡的一個漁港。每到下午過後漁船會陸續進港,在魚市場內,可以看到漁船拆卸魚貨的繁忙景象。

台灣沿海魚類越來越少,魚價也持續飆高,能吃到好魚是種福份,每次來大溪漁港,最愛的莫過於小捲。這裡是我看過

小捲最盛產的漁港之一，燙熟的小捲，一台斤 100、130、180 元都有，視大小價錢分級，母的有蛋，公的口感佳，看個人喜好。頭城鎮沿海一帶最盛產的就是吻仔魚，營養、好吃，富含鈣質，小魚干也超多的。台灣東北角、宜蘭頭城海岸大都是岩岸地形，因此，我們家最愛吃的海菜，這裡也很多。買回家的海菜，稍稍川燙一下，加入醋和醬料，就是一道營養美味的佳餚。

漁港內經常看到長長的一條，體積不算特別大的土魠魚，單買切片的價格比較貴，一次買半條，一公斤的價格要比切片便宜六分之一，但得要衡量一下買回家吃不吃得完。魚攤上各式蝦子很多，這些海蝦口感、肉質要比淡水養殖的蝦子來得細緻、甜美，也可以在這裡買到生的櫻花蝦。

假日的魚貨街人潮很多，摩肩接踵的，別有一番樂趣，不會人單勢薄，動不動就被喊來喊去「來買魚」，可以自在的逛著。賣魚的主人大都是女性，有不少是大陸或其他國籍嫁來台灣的朋友，這在台灣各地漁港相當普遍。

漁市場內的交易更是熱絡，但大都是一堆、一堆的賣，比較適合餐廳批貨者。來這裡批魚回到餐廳料理，應該特別新鮮美味。除了魚貨外，要吃魚產相關小吃或特產也不少，大都是新鮮現做的小吃美食，一定不能錯過。

大溪漁港
◎交通指南：自行開車，北宜高速公路頭城交流道下，往北方向走台 2 省道，經頭城、外澳、梗枋，過河東堂獅子博物館不遠可抵。頭城交流道至此，車程約 20 分鐘。

外澳服務區

　　外澳，這處位於宜蘭頭城，出了國道 5 號雪山隧道後不遠即可抵達的海灘，是我們家到宜蘭經常走訪的地方。這裡擁有廣闊的沙灘，可以讓孩子奔跑，偶爾天空會降下五彩繽紛的飛行傘，充滿著熱鬧的氣氛。孩子戲水、挖沙、堆沙堡，大人則可以散心、沉思、發呆。當然，像我們家這樣大的孩子，獨立多了，他們會自己玩耍，只要不要太靠海邊，安全範圍內，可以放心地讓他們玩，洋溢在幸福的時光裡！

　　小孩最喜愛到海邊挖沙、堆沙堡，但是許多家長卻擔心土壤太髒或含有細菌，因此不太鼓勵孩子玩泥土，但根據美國一份最新研究顯示，泥土所含細菌有助緩和情緒低落，同時能幫助孩子更聰明，專家們一致認為，讓孩子多接觸大自然、走出戶外，對孩子相當有助益。

　　這次來外澳，發現休息區的營業單位：伯朗咖啡，自己挺身而出，辦了一場名為「外澳音浪祭」的活動，從 6 月至 8 月底，每

周六下午有樂團在這裡表演。其實這樣的活動早就該舉辦了！外澳有很棒的海灘，交通上也很便利，可說是台北人的後花園，來這裡甚至比到北海岸還要快速。何況，這裡有遼闊的海灘，再多的人潮擠進來，感覺仍只是滄海一粟。在暑假期間的假日裡，能夠辦這樣的音樂盛會，不僅讓表演者有發表的舞台，也可以讓遊客感受這裡的熱鬧氣氛，真是一舉數得。

　　當天來此，運氣真的很好，發現一群人好似在拔河般，企圖將海中的漁網拉上岸，此刻我已猜想這批人應該正在牽罟。這是我第一次親眼看到這樣的活動，過程中，大家充滿期待，人群中還夾雜著幾位有點年紀、穿著傳統服飾的漁婦，這些漁婦大概都是參與當年牽罟捕魚的婦女。如今這項活動大都走入歷史，對這群婦女們而言，一定勾起她們深刻的回憶！

　　拉了數十分鐘之後，終於到了收網時刻，見大家屏氣凝神做最後努力，懷抱著豐收的期待。駕輕就熟的老漁民純熟地收拾魚網，準備尋找網中的漁獲，沒一會兒，終於看到魚了，雖然網中的漁獲不多，卻是一次難得的體驗。孩子睜大眼睛、發出讚嘆的口氣，因為捕獲了一條大軟絲，網子裡還有一隻大河豚，鼓著肚子的河豚，讓一些女孩子尖叫聲連連，其中一名勇敢的女孩赤手接過這

隻大河豚，高興的展示給同伴看。少的、老的也高興地展示捕獲的尖嘴長魚，如此有趣的體驗，一定讓這群人留下深刻、難忘的回憶。

外澳的牽罟活動沒有固定的日期，如果有團體與當地社區預訂聯繫，應該都有機會來此體驗。所以說，來外澳的遊客如果運氣好的話，說不定也能親眼目睹這樣難得的活動。

東北角風景區管理處外澳服務區

○地址：宜蘭縣頭城鎮濱海路二段 6 號

○電話：03-978-0727

○交通指南：

　1. 自行開車：台北走北宜高速公路至頭城交流道下，右轉台 2 線濱海公路至 135 公里處可抵；台北經八堵接 61 線至瑞濱右轉接台 2 線，直走至 135 公里處。

　2. 火車：搭乘北迴線鐵路到外澳火車站（或頭城火車站），再步行（或搭計程車）前往外澳服務區。

　3. 客運：國光客運經濱海往台北基隆或台北搭國光客運經濱海往宜蘭、羅東。

國立傳統藝術中心

傳藝中心是遊宜蘭平原必訪之地，這裡有必逛三街：民藝街、臨水街、傳習街；必拜一廟：文昌祠；還可以欣賞古宅之美：黃舉人宅、廣孝堂，以及買到美味的特產伴手禮：目仔窯。另外，還可以到展示館與戲劇館，欣賞當代工藝與一流團體登台獻藝。

從大門購票入口處進入傳藝中心，便可以看到依照傳統目仔窯（又稱坎仔窯）形式仿建，由一間間窯室連結而成的建築，這裡就是傳藝中心所稱的目仔窯。目前提供台灣特產與傳統紀念商品展售，是相當吸引遊客注目、停留的一個地方。

目仔窯旁的觀景樓內，我瞧見一位原住民雕刻家正聚精會神地雕塑著木頭作品，這是傳藝中心特聘簽約一年，來自屏東排灣族的雕刻家，另一個通道門口外的街上則有他的作品展示，原住民雕刻作品，總是粗獷中又帶著細緻。

戲台後方的內河道，有一處親水區名為「心手相連」，不少綠

1. 傳藝中心文昌祠前石柱　2. 傳藝中心目仔窯

頭鴨在此聚集。這些綠頭鴨已從候鳥變成留鳥，把傳藝中心的內河道視為棲身之所。拐個彎，經過一座拱橋，先來到黃舉人宅。這座宅房原是宜蘭鄉賢黃纘緒舉人的四夫人住所，已經有 130 餘年歷史，因原址在道路計畫區內，幾經籌畫，遷移原有的木棟架，重新組建在傳藝中心園區內。整座建築屬於民宅性質，具親和性，雕飾樸拙雅致，彩繪後的大廳別具傳統文人詩書水墨意境。

宅房有人走的門，也有狗走的狗洞，三合院建築，主院外，還有東、西廂房。窗櫺砌成直線七條，依建築風水稱單數代表陽、雙數代表陰，陽間人住的陽宅，窗櫺當然是要單數的。大廳外牆的雕飾彩繪鮮明而美麗，極富欣賞價值。東廂房內目前布置存放不少書院求學文具，內容珍貴而有趣。

科舉制度時期書院學生考試作弊的小抄，看了令人莞爾一笑。科舉制度武狀元考試必須舉起的石臼，重達 240 公斤，很難相信有人可以用手提起這東西，何況是舉起來耍弄。西廂房大都展示一些農具或廚房用具等，其中「氣死貓」竹籃是古時候放魚、肉的籃子，將籃子懸掛在高處，貓聞得到、看得到，卻吃不到，存心要把貓給氣死用，所以取名「氣死貓」。

回頭往戲台方向走，來到文昌祠，這是全台首座由官方籌建的文昌祠，主

1,3. 傳藝中心黃舉人宅
2. 傳藝中心原住民雕刻家
4. 傳藝中心文昌祠
5. 傳藝中心民藝街

祀讀書人的守護神文昌帝君、五聖
文昌，配祀戲曲與工藝祖師爺，以
祈願國家人才濟濟，傳承戲曲與工
藝技藝等傳統文化。文昌祠建築展
現傳統木造結構、木刻、石雕、交
趾陶、彩繪之美。廟埕廣場與戲台
為民間休閒娛樂所在，傳藝中心定期安排戲曲演出，讓遊客重溫熱鬧喧囂的場
景。

　　文昌祠前的石柱，是古時候戲台演出時，乞丐行討所坐的位置。左青龍右
白虎，進入廟祠必須左進右出，若從右進便會被老虎給吃掉，就枉費來此拜拜
囉！左右兩側門神畫像都配戴玉佩，左右各兩扇門，總是四扇門，代表著事事
如意。

　　戲台旁的民藝街則是集結淡水老街、九份老街、三峽老街等台灣各地老街建築風格，融入閩南、仿西洋式建築樣貌，以曲街坡路呈現傳統接屋的優美體態。從街頭看不到街尾，可以防盜、防災、防煞、聚財，這是古人深具智慧的設計。街道上石板鋪成人字狀，代表人氣湧入店家；溝蓋有圓孔，代表錢財。屋簷頂上的橫樑，是繩子懸吊東西上樓的工具，是相當實用與智慧的設計。

　　民藝街店鋪內陳列台灣的金工、木竹、陶瓷、陶笛、裁縫、藍染、纏花、皮雕、碳雕、玻璃、傳統與霹靂戲偶等各類工藝精品，古早味的李仔糖、糖蔥、捏麵人、茶摳、童玩等，讓人回味兒時情趣，有吃有玩之餘，還能體驗傳統街屋的市集樂趣，不管是大人、老人或小孩，都可以來回味與體驗，留下美好的記憶與回憶。

　　在民藝街底有一座傳統古建築，名為「廣孝堂」，該堂已經有 80 餘年歷史，

1. 傳藝中心廣孝堂
2. 傳藝中心傳習街
3~5. 傳藝中心民藝街

原是宜蘭鄭氏家廟，後來拆卸後重組，成為園區內傳統家廟建築的展示空間。

打開鄭氏家廟的木門會聲聲作響，具有防範盜匪的示警作用，內部木柱大都方方正正，代表為人要具備正直的內涵；外部屋簷石柱成圓柱狀，代表對外必須圓融；而地板呈現龜殼形狀，代表長壽之意。整座建築展現各部深層意義，深具學問典故。

靠近內河道岸邊的臨水街則呈現整排水相風格，高低錯落的屋簷，流露出南方水都的風雅情致。雨天表演場不怕雨來攪亂，這裡經常有傳統布袋戲等表演上場。波光激灩、水影搖曳，拱橋上是許多情侶拍照留念的好地方。街上還規劃有台式點心專區及數個 DIY 教室，也是來傳藝中心必逛所在。

另一條較少人知道的傳習街，常常因時間不足，而被遊客所忽略。這裡是藝師傳藝的主要空間，會不定期舉辦藝師講座、工藝體驗創作、達人現場示範秀或當代名家特產，內容精彩並富有傳承習藝的意涵。遊客可以從民藝街的巷弄繞道進來，一同與傳統工藝對話。

1. 準備搭船 2. 搭船從冬山河欣賞利澤簡橋 3. 親水公園上的龍舟 4. 冬山河畔 5. 看見冬山河畔別墅 6. 一家人搭船欣賞冬山河景

員表明意向，稍等一些些時間，便能搭到大一點的船。

　　傳藝中心大型動力船碼頭位於內河道碼頭旁的冬山河岸，從堤岸望向碼頭，感覺像是來到異國般，美麗極了！因住宿傳藝中心內的冬山厝之便，隔日早晨9點多，來傳藝的客人較少，因此搭船的人也不多，讓我們有更多空間，挑個舒服、視野好的位置，好好欣賞冬山河的美景。旅遊不只是旅遊，發現美麗的地方、美麗的感動，會珍藏在內心，一輩子咀嚼的回憶。

　　坐在船上，我讚嘆地看著這美麗的河景，心情雀躍、陶醉，也驕傲自己生長的國家有這麼美的地方！河邊堤岸上樹木成蔭、綠草覆蓋岸坡，騎腳踏車漫遊的人們和自己的家人、愛人幸福地享受這裡的美景，冬山河融化遊客的心了！

　　冬山河景彷彿歐洲的多瑙河，搭著船往上游航去，遠眺前方，紅色拱型的利澤簡橋就像一道彩虹般，劃過遠方層層的山巒。坐在船上欣賞美妙的河岸風光，為自己好像置身在異國浪漫情境，深深為台灣的美感到驕傲。動力船接近親水公園碼頭，必須穿越堤岸橋下，船上的遮棚降了下來，順利來到親水公園短暫停留。載了親水公園的客人後，我們又啟程回航，坐同樣的位子，可以看到另一邊河岸。

　　漆上藍色的閘門，視野裡特別亮麗，捕捉在閘門旁木棧道拍照的遊客，畫面裡遊客與閘門的對話，特別令人著迷。對岸河堤上不管是別墅或民宿，看來都令人羨慕，可以這麼貼近欣賞冬山河之美，真是充滿幸福。

宜蘭

冬山河自行車道騎車去

如果騎單車是一種休閒兼具運動的活動，那麼來宜蘭冬山河自行車道騎單車，肯定兼具多元的收穫。騎著單車漫遊在冬山河畔的河堤上，不只是休閒，也不只是運動，這裡多了美麗景觀帶來的心裡感動，還有親子互動歡笑與幸福場景。在冬山河南北河畔，全長各約 9 公里的自行車道上，沿路盡是美麗風光，就像往幸福的路上騎，過了這一站，下一站還是幸福！

冬山河自行車道沿線的租車站有四處，包括：傳統藝術中心（另可搭船遊冬山河）、冬山河親水公園（另可搭船遊冬山河）、親水路北側加油站、冬山火車站，除了冬山河親水公園位於冬山河南側外，其餘三處租車站都在北側。整體而言，我認為北側的景觀、生態資源環境豐富許多，沿途除了經過傳統藝術中心外，還接近52 甲溼地、獨角仙棲地、螢火蟲竹林及珍珠社區等。此外，北側的冬山火車站旁還緊鄰冬山鐵路自行車道、冬山森林公園

冬山河自行車道傳藝中心租車處

（可搭船遊冬山河），都是可以順遊的不錯景點。

　　由於我們當天就住在傳藝中心內的冬山厝，所以就近在傳藝中心碼頭旁的悟樂達傳藝站租了兩部協力車。悟樂達傳藝站的自行車種類、數量相當多，青少年車、城市休閒車、休閒女性車、休閒越野車、協力車、電動輔助車，幾乎應有盡有。不僅車輛新，保養服務也相當有制度，車輛騎乘起來特別舒適、好騎。

　　冬山河自行車道沿途有許多台灣原生種的光臘樹，樹上常有大量獨角仙聚集，52甲溼地是有名的候鳥棲息地，螢火蟲季節的夜晚時分，還可以看見螢火蟲的點點螢光，相當美妙。兩個孩子共乘一部協力車，由姊姊在前座控制方向與平衡，還不會騎車的弟弟經過這趟薰陶後，隔一個星期，我再帶他到碧潭練習不到一小時，他就會騎車了！

　　冬山河自行車道沿途都算平坦，兩旁樹林成蔭，時可見帆影點點、波光粼粼，以及釣客在河邊垂釣的景象，偶爾還會看到水鳥成群、乍時飛舞的畫面。

從傳藝中心右側這段自行車道的終點是清水防潮閘門，這座閘門處是冬山河下游入海口最低窪處，由於潮汐影響，海水容易倒灌，阻礙上游排洪困難，每遇大雨總是氾濫成災，於是興建這處大型自動閘門，可以調節上下游水位，以防止海水倒灌。

　　終點旁有一處小販攤位，從這裡穿越馬路，還可以騎往太平洋海濱，接上濱海自行車道，景色宜人。

悟樂達傳藝站
◎電話：03-960-3731
◎營業時間：9:00 ～ 18:00

1. 傳藝中心租車處　2. 出發騎單車去

宜蘭蘇澳

無尾港

　　無尾港並不是一個港口，只是靠近海邊的一個社區，古時候這裡很多居民從事牽罟的捕魚活動。近年來，無尾港港邊社區以公共空間藝術再造的理念，將原本一般海邊村落的老舊社區，結合在地的自然生態與人文特色，為社區帶來新的活力。

　　在社區的辦公室裡，陳列展售著一件件當地阿嬤、阿公的木製、工藝、染布、環保作品。這是一個以阿嬤的故事為主軸，結合在地藝術家的藝術創作，發展成一個新藝術生態社區。來到這裡，您除了可以欣賞到許多藝術畫作及藝術作品外，還有另類的裝置藝術，讓您感受到和美術館不一樣的藝術氣息。

　　「無毒花生」是港邊社區 70 多歲的張木清老先生所種植不噴灑農藥、不施化學肥料和除草劑的無毒花生所製成，配合社區繪畫班阿嬤們提供的作品做成包裝，在港邊社區辦公室有上架販售。而「石頭魚」DIY，也深受小朋友的喜愛！

辦公室旁的廣場設有兩座柴燒磚窯，一邊是燒烤麵包用，一邊則是烤披薩用，平常可以接受團體預約，現場披薩 DIY 教學。辦公室旁的磚窯使用漂流木為燃料，讓窯內溫度燒至 200 度，持續利用儲熱烘烤食物，風味獨具，是節能減碳的示範。

1. 無尾港社區辦公室陳列工藝作品 2. 柴燒磚窯 3. 阿公ㄟ工寮 4. 無尾港阿公種的有機花生米

　　再生工藝坊是以社區協力造屋蓋的罟寮為基礎，輔以回收建材改建而成，將一些廢棄的木板再生，製作成各式工藝品、桌椅、板凳、筆筒等可利用的物品，也讓廢棄的木材重新找到新的生命價值。

　　藝品坊左邊稱「阿公ㄟ工寮」，是個提供木頭製品DIY教學的地方。右側「阿嬤ㄟ灶腳」則是團體遊客來社區訂餐時，作為燒飯、煮菜的地方，一些無法再利用的木材則當作柴火使用。講究慢食樂活的港邊社區，仍普遍使用大灶，一旁製作鼎邊趖、米苔目碾米汁的石杵，仍是堪用品。「阿祖ㄟ便所」更酷，古代居民沒有沖水馬桶，上過廁所後，就將木屑灑到糞便上，這樣不僅可以防臭，灑下木屑的糞便還可以做成堆肥，相當環保又實用！

　　社區在政府相關單位補助下，興建一棟無尾港社區説明中心，中心內經常有社區居民的畫作、手工藝品展出，讓這些藝術家們有了發表的園地。社區內還興建一棟資源學習中心，內部除了染布作品的陳列、展售外，還經常聘請老師教導當地居民用植物染布的技巧，作品成熟又兼具環保。從布的精練、豆引、採集染材、熬煮、染法技藝的研習、植物染繁複的處理過程，體現了尊重自然、手作實踐、實事求是的生活態度，這裡也提供DIY體驗。

　　在社區裡經常可見建築物外有盛雨水的大圓桶，這些收取的雨水可作為馬桶、浴廁沖洗之用，達到資源再利用的環保要求，這也是無尾港社區重視生態、環保的一環。

1. 植物染作品　2. 無尾港溼地

　　靠近海邊的無尾港社區，早期移民以竹子茅草搭建房子，後來發現每逢颱風過後，澳仔角海邊崩陷出許多黑色圓扁石板，便運用來構築房舍及圍籬護牆，於是成為當地的風土建築，不僅防颱也能耐震。目前，社區內仍有許多祖先遺留下來的石頭屋，其中有一座石頭屋已經超過百年，仍保存的相當完整。

　　社區內興建一座賞鳥平台，這裡是無尾港水鳥保護區的制高點，從涼亭二樓可以眺望太平洋沿岸風光，俯瞰保護區優美景觀。每年的 10 月到隔年 3 月是水鳥聚集的季節，已記錄出現過的鳥類超過 170 種。在這個賞鳥平台裡，有絕佳的視野，是觀賞水鳥生態活動的最佳場所。

　　社區的路口經常可見「兵將」的小廟，這些兵將的功能有點像土地公，據說是大廟裡的神明無法顧前顧後保佑大家平安，於是就派出這些「兵將」來幫忙看顧大家的安全，當地居民利用巧思，用石頭點綴搭成，表現當地古老時期石頭屋的建築特色。社區內目前還存有百年古井，在沒有自來水時代，這口古井是當地居民牽罟回來，排隊擔水洗魚、煮魚、取水所在。

無尾港

○ 港邊社區發展協會聯絡電話：03-990-4360

○ 交通指南：自行開車，走台 2 省道濱海公路，經壯圍、五結，於蘇濱路一段港邊派出所前轉入
　　　　　　港口路可抵。搭乘大眾運輸工具，可於宜蘭、羅東搭往蘇澳的國光客運，於無尾港
　　　　　　社區下車。

INFO

七星潭　來花蓮必訪的景點

花蓮新城

　　七星潭位於花蓮機場東側新城鄉的海濱，雖然稱之為「潭」，但實際上卻是一個新月形的海灣。在這裡不僅可以看到蔚藍的海水，加上海水朝夕覆蓋海岸，將一粒粒晶瑩玉潤的卵石堆成長長的海灘，形成一片美麗的長灘。在這裡踏浪、撿石頭，可以忘卻一切煩憂，讓腦袋放空，是前來花蓮的遊客必定拜訪的人間聖地。

　　七星潭周遭道路連接著長廊，海岸公園點綴其間，有美麗的石雕，也有原住民風格的建構素材，汪泊大海搭配著鬼斧神工的大自然美景，會讓來此的遊客讚嘆不虛此行！每次來花蓮，我總是會不自覺地想到七星潭走走。我喜歡這裡有遼闊的沙灘，可以和大海、天空親密接觸，有時，偶爾還會看到天空飛翔的戰機或是民航機飛越天際，享受和他處景點不一樣的驚喜！就因為一望無際，

可以讓我盡情享受這裡的一切，望著海天一色的湛藍，腳底踩著細沙，尋覓可愛的小石子，甚至張開口吶喊，都會覺得自然而不做作！

孩子喜歡海邊，只要到海邊，都能看到他們璀璨的笑容。當我們家兩個姊弟快樂玩耍時，我和妻子便多了更多悠閒與浪漫時光，此時可以擁有更完整的兩人世界。

比較靠近路岸邊的公園，感覺很像台東的伽路蘭，但是這裡卻比伽路蘭更加遼闊，尤其是它的大沙灘，可以和大海更加親近。一旁還有 3 公里長的自行車道，租車也相當方便，在這條自行車道，可以騎著單車領略美麗的海景、吹吹海風，讓人心曠神怡。

看海，讓人心胸開闊、忘卻煩憂，和都市裡每天戴假面具活著不快樂的人相比，這裡真的是塊天堂地。在天堂裡可以過著快樂、自己想要的生活模式，七星潭是來花蓮的旅人不能錯過的景點，很值得大家來走走！

七星潭

○ 交通指南：由省道台九線直接進入新城市區，路底直角右轉約 200 公尺，左側見「福德廟」牌樓後左轉，進入後直行約 300 公尺即抵。若從花蓮市區進入，則由省道台九線（211.3 公里）花蓮教育大學前路口（華西路）進入，沿左側的機場圍牆直行，至路底後沿路標 193 縣道左轉，下行約 300 公尺，於一家商店轉彎處右轉即抵。

花蓮新城

七星柴魚博物館

復刻迴瀾漁史風采

來到七星潭，開車還沒進入海岸邊前，便會看到七星柴魚博物館的醒目標牌。這座博物館提供免費參觀，除了可以探索柴魚文化外，還有 DIY 體驗，販售魚類製品、紀念商品等，而館外棚區則有熱食餐飲，令人垂涎。

柴魚博物館的創辦人余宗柏，20 多年前帶著一身的漁產製作技藝，與好友從三棧來到了漁業盛豐的花蓮七星潭，靠著專精的柴魚製作經驗，開始他們的事業與生活，在當地成立了柴魚工場。一腳踏進充滿暖意的柴魚工場，迎面而來的是陣陣煙霧、燻魚香氣，終年因燻煙而呈現焦黑的斑駁、低矮建築體。忙進忙出的工人、魚車，是多年來柴魚工場的風景寫照，當年日本人也慕名來此選貨出口，極盛一時！

余老先生為了讓歷史得到見證，讓當地居民有個聚會、回憶的場所，使

更多年輕人了解台灣與海共生的海洋民族性，於是 2003 年夏開創了「七星柴魚博物館」，也為花蓮地區增添新的文化風采。

七星潭位於花蓮縣新城鄉東邊，是受大陸板塊與歐亞板塊造山運動擠壓的縫合線，所形成的一處美麗的月牙形海灣。七星潭海域因位於黑潮洋流帶上，大量追隨浮游生物的長程洄游肉食性魚類，順流群聚於此，帶動了柴魚的燻培技藝興盛。早期七星潭漁民捕魚方式稱為「牽罟」，也就是乘著竹筏出海撒網，

再由人力拉拔上岸方式捕魚，直到後來才改為設置定置魚網的作業方式。

定置漁業俗稱煙仔占，是一種長期將網具固定在 30 至 50 公尺的沿岸海域，利用潮汐漲落方向與魚群不會後退的特性，將魚網布置成開敞的三

1. 七星柴魚博物館打打喜製作 2. 緊鄰七星柴魚博物館漁村 3. 七星柴魚博物館打打喜

角形，並將漏斗狀的網袋放置其中，因入口處窄小迴游路徑被遮斷，一旦進入就很難逃出了。

柴魚博物館內販賣不少魚製品，味道、口感都相當迷人。商家提供各種試吃品，購買前可以先品嘗各種產品口味再下決定。來這裡，除了參觀柴魚相關資訊展示外，買些美味的伴手禮，令人特別興奮！

博物館外的餐點區，最令人好奇想吃的，莫過於稻燒鰹魚生魚片──打打喜。當天我來到這裡，正好館方請到來自日本四國「打打喜」傳人──溝淵剛先生，為住館顧客，親自料理好吃的打打喜。

花蓮七星潭沿岸設置的定置漁場，每年 10 月至翌年 5 月所捕獲的鰹魚，由於油脂較高，不適合拿來製作柴魚，因此七星柴魚博物館特別引進日本四國傳統美食技藝。在日本師傅獨到的製魚經驗與講究身形、質、量下，擷取精華、嚴選鮮製，為顧客提供即時鮮藏西北太平洋的絕美鰹魚美味──打打喜。每年 10 月至翌年 5 月，您也可以來七星柴魚博物館碰碰運氣，或許也能吃到道地的打打喜。

七星柴魚博物館
○ 地址：花蓮縣新城鄉大漢村七星街 148 號
○ 電話：03-823-6100
○ 免費開放時間：平日 9:00 ～ 19:00、假日 8:00 ～ 19:00、寒暑假 8:00 ～ 20:00
○ 交通指南：由省道台九線直接進入新城市區，路底直角右轉約 200 公尺，左側見「福德廟」牌樓後左轉，進入後直行約 300 公尺即抵。若從花蓮市區進入，則由省道台九線（211.3 公里）花蓮教育大學前路口（華西路）進入，沿左側的機場圍牆直行，至路底後沿路標 193 縣道左轉，下行約 300 公尺，於一家商店轉彎處右轉即抵

花蓮外海賞鯨豚

暑假期間的花蓮外海，鯨豚經常成群出現，來到花蓮，當地民宿、飯店通常會搭配賞鯨船業者，辦理賞鯨豚行程。和宜蘭龜山島賞鯨相較，從花蓮外海看中央山脈、海岸山脈，感覺更是美妙！

花蓮賞鯨豚業者通常會駕車至各民宿接送客人來往民宿與花蓮漁港休閒碼頭之間，車程都在 20 ～ 30 分鐘左右，這是住在花蓮市區飯店（或民宿）賞鯨豚交通上的優勢。

花蓮漁港休閒碼頭是賞鯨豚登船的地方，從碼頭看花蓮港周遭景致，有中央山脈當主角，雖然少了高樓大廈點綴，但自然景觀可一點也不輸給香港的維多利亞港。休閒碼頭旁有賞鯨船公司的服務站，站內販賣著紀念品、名產，在遊客仍未登船前，或是回程下船後，都可以來此逛逛，買些紀念品或名產。

回程的遊艇靠岸後，接著下一批賞鯨遊客準備搭船出海賞鯨。登船前，船公司服務人員會一一唱名、說明注意事項，海巡署人員抽檢身分證件，接著上船，展開賞鯨之旅。

　　船緩緩駛離花蓮港，沿途景色優美，自從讀高中時搭船到過小琉球之後，已經有數十年沒搭過這麼遠距離的船出海。這趟行程來回約 2 個小時，在船上搖搖晃晃，難免要有暈船的心理準備，所以這趟旅程，忙著拍照的我，確實有點小暈船，但第一次和家人一同賞鯨，興致倒是不減。

　　賞鯨豚業者通常會將遊艇船搭配雙引擎，安全性高；船上還配備先進的衛星導航與魚群偵測器，出海鯨豚尋獲率高達 95％；船上還有花蓮解說員協會全程專業解說，增加出海賞鯨的價值感。從花蓮港出海到鯨豚出現前這段時間，可好好欣賞花東海岸的美景。怕暈船的人盡量以坐在船的高處、前方為原則。

　　首次賞鯨搭船出海，果然沒有讓我們失望，出海不到 30 分鐘，就看到海上成群的「飛旋海豚」，儘管這群海豚的體型不是特別大，也不是很特殊，但已經讓初次賞鯨的我感到興奮不已！不斷地拿起相機猛拍。看牠們時而跳上海面，波浪狀的浮游畫面，真的是可愛極了！

　　鯨豚有成群浮游的習性，花蓮外海出現的鯨豚種類繁多，隨季節不同，像

是抹香鯨、偽虎鯨、領航鯨、喙鯨、大翅鯨等經常出沒於此，中小型鯨豚、長住型或區域迴游型的大型魚類也常在這裡出沒。這些鯨豚都是隨著黑潮游移到台灣東部外海，因此來花蓮外海賞鯨，幾乎很少敗興而歸。

　　海豚很喜歡玩耍，經常可以看見牠跟著船身遊走，偶爾還能看到牠出現在船頭前，好像是個領航員，畫面相當有趣。一趟花蓮外海賞鯨行，讓我們體驗到多元的台灣旅遊樂趣，誰說台灣不是旅遊天堂呢？

花蓮壽豐

海中天會館

欣賞無敵超美海景

　　海中天會館由一對年逾60歲的夫婦徐爸爸、徐媽媽所經營，年輕時胼手胝足，民國86年買下這塊荒地，以經營鋼構工程起家的徐爸爸，經過多年的開墾，將最初興建的木屋作為夫婦倆度假之所，後來子女結婚，為了表示紀念，陸續擴建幾棟建築，也從招待親戚、朋友的會館，轉變為開放給一般遊客居住的民宿。

　　藉由徐爸爸本身從事鐵工，許多老屋拆遷後的木料，在這裡被重新運用，也找到新的生命方向。這裡的建築、裝飾，幾乎都由徐爸爸親自搭建、監工，房間內手作風格濃郁，走入每間房間，仍可聞到木材的香氣。民宿所呈現的風格並非華麗，但是徐爸爸、徐媽媽卻努力地希望讓來到這裡的客人感受到質樸、可親近的溫馨氛圍，把客人當成朋友般

看待，很用心維護這塊他們生活的領域。

　　開車來到民宿大門，千萬不要對初次見到的外觀感到失望，穿越民宿的門
坊，就會有讓你驚奇的別有洞天場景呈現！停好車，映入眼簾的是一片大草坪，
天空是藍的，草坪的盡頭就是一大片大海，夜裡，這片草坪是抬頭欣賞繁星的
最佳場所。而往民宿小徑，在接近民宿旁的一大片草地，則是每年 4 月開始，
夜裡螢火蟲閃亮亮登場的地方。這裡的螢火蟲可以一直出現到 11 月，有時還會
飛到民宿的草坪裡，和天空的星星爭光。

　　草坪旁的木屋是徐爸爸夫婦最初打造的建築基地，目前這棟木屋除了有客
房外，一樓接待室還設有一間小小的餐廳，這裡每天（周二公休）下午 2 點至
5 點提供下午茶與簡餐服務（需預約）。來此，您可以喝到現煮虹吸式咖啡、
有機花茶、手工餅乾，還能看海、聽海濤聲、發呆、放鬆，享受悠閒時光。

　　接待室外的大亭子是一處很適合會議、團康、聚會、烤肉的場地。一旁的
心靈碼頭也是徐爸爸的巧思，空間造型彷如一座碼頭般，在此擁有絕佳的視野，
可以瞭望周遭大海與群峰。

　　海中天會館園區內布滿好幾座軍方遺留下來的碉堡，這些碉堡產權原屬於海中天所有，卻長年被軍方占用，軍方歸還土地後，為保留這些碉堡的特色，徐爸爸特別將碉堡做了維護與修建，並予以擴建，成為相當有特色的碉堡建築。建築的一樓是交誼廳，這裡也是住客享用早餐的地方，交誼廳特別規劃了好幾面望海的玻璃窗，下雨天的時候，不想走出戶外，也可以在此欣賞窗外的海景。

　　因應碉堡建築架構，循階梯進入交誼廳邊的長形小洞口，走上樓梯，便來到我們一家四口入住的壯闊海景四人房。這間房間是海中天會館內視野最佳的一間房間，房間擁有雙面大視野的無敵景觀，在此可以近看花蓮溪出海口，河與海的爭鬥，欣賞傳說中「迴瀾」由來的花蓮海灣與太平洋壯闊海景。當晨曦升起，躺在床上便可欣賞日出；晚上將燈火熄去則可欣賞花蓮市區夜景與眼前捕捉海鰻幼苗的漁火點點；天氣晴朗時，漁船、商船往來的繁忙海中景象，都可以清晰映入眼簾，泡茶、聊天、發呆都能感到愜意。

　　2008 年，也是北京舉辦奧運那年，徐爸爸的獨生子訂婚，為了紀念這個日子，又想在海中天內建構一棟房子，建造之前，苦思不知設計何種造型，無意

1. 海中天會館心靈碼頭　2. 海中天會館早餐　3. 海中天會館海景

間見到徐媽媽拎著高跟鞋要出門參加活動，結果靈機一動，便設計出高跟鞋造型的建築主體。採挑高的空間、樓中樓的設計，窗櫺的設計靈感來自 2008 年北京奧運圖案，一樓、二樓各有一張雙人床，親子家庭或是三五好友住在這處別致空間，感覺身處奇幻的世界裡。

　　體貼的徐爸爸、徐媽媽為了讓老人家或行動不便者，也能體驗海中天會館的住宿環境與優美景色，特別在自己住宿的建築架設了一座電梯，並開放二樓房間方便遊客訂房。

　　循著交誼廳、碉堡樓前的小徑走，約 100 公尺可以來到海灘。這片長長的海灘頗有花蓮郊區七星潭的味道，但卻比七星潭更寧靜、更美！除了擁有壯闊的太平洋海面外，還可以欣賞另一側花蓮溪延伸的景觀，遠方的美崙山、中央山脈層層山巒，花蓮溪口河海交匯處形成湖泊的樣貌，搭配遠方的山景，更具有壽豐「雲山水自然農莊」的靈魂！這裡的景觀得天獨厚，幾乎是其他地方海

景難以比擬！更重要的是，海中天會館下方海灘段屬於岩壁地形，一些漂流木不易在此堆積，因此，整段海灘顯得特別乾淨，看不到漂流木雜亂堆積的景象，和鹽寮其他地區海灘相比，完全勝出！

　　開刀病房護士、護士長出身的徐媽媽，平常即是一個愛乾淨、講究衛生的長者，還曾經開過自助餐店，擁有中餐丙級證照，每天親手為住客料理的早餐，都是新鮮、美味，讓人滿意的好料。豆漿、奶茶、農會或自己現搾的柳橙汁、南瓜粥、營養的山藥紅豆、現炒青菜、現做漢堡、新鮮水果，都讓人食指大動，來到這裡就像是自己的家一樣，有個慈祥的媽媽幫你準備豐盛、營養、健康的早餐，整個身、心、靈都得到充分的滋潤，讓我不虛此行，一定還要再來！

海中天會館
○地址：花蓮縣壽豐鄉鹽寮村大橋 36-10 號
○電話：03-867-1236
○手機：0928-077911
○交通指南：花蓮市區往濱海公路方向，經 193 縣道過花蓮溪左轉接台 11 線，於台 11 線 6.5 公
　　　　　　里處左轉進入小徑，循指標約 1.5 公里可抵。

牛山呼庭

台11線海岸公路上的祕密基地

花蓮壽豐鄉面積很大,幾乎包山包海,轄區涵蓋了花東縱谷省道台9線、台11丙線,以及海岸公路上的台11線,鯉魚潭、東華大學、理想大地、立川漁場、怡園度假村、雲山水生態園區,還有遠雄海洋公園、鹽寮的著名民宿、牛山呼庭等,全都位於壽豐鄉境內。

牛山所在地原為放牧牛隻的地方,阿美族語的念法為 Huting(呼庭)。從花蓮市區前來,走台11線濱海公路,約在27公里處左右,也就是在水璉加油站過後,再往前開約5分鐘,便能見到左側靠海的路旁有一座用木頭搭成的門坊,循著門坊往山下海邊開去,約2公里路程,即可抵達牛山呼庭的入口處。沿途道路狹窄,路面約僅容一部休旅車或轎車的寬度,會車相當不易,加上沿途往來有幾處陡坡,因此開車的朋友要特別小心注意來車。

台11線門坊處有花蓮客運招呼站,

只是從招呼站下山到牛山呼庭還有 2 公里路程，沒有交通工具者，若徒步前行要有一定的腿力。依我觀察，沿途很少有人用步行方式前往，所以藉由大眾運輸工具來此，恐怕有些難度，但腿力好者，仍可一試。

台 11 線上的牛山呼庭門坊旁有一處瞭望台，可以望向牛山呼庭的海灘與太平洋壯闊景觀，海風吹來，多了幾分涼意。下山到牛山呼庭休閒園區前約 100 公尺處，必須下車徒步進入。車輛停放於此，大致上都能找到停車位，進入園區需購買每人 50 元的門票，但可以全數折抵餐廳內消費。

進入園區後，可以看到左側低窪處有一處大草坪，和草坪毗鄰的是一大片未受汙染的海灘，牛山呼庭的主人將這片海灘取為「換膚海灘」。此處沿岸潮流與注入的河川經常上演著拉鋸卡位戰，海灘依序呈現礫卵石、細沙，以及被海浪沖刷上岸的漂流木等，也讓這片海灘呈現不同的風情，因此被主人取為「換膚海灘」，真是創意十足。因地理位置與交通不便，海灘未受太多汙染與人為破壞，即使是假日，也沒有七星潭海灘那般人滿為患，隱約中多了一份寧靜之美，令人流連。偶像劇「愛回來」曾來此取景，宣傳花蓮海岸之美！

園區內處處可見男主人牛哥雕塑的木雕作品，不僅栩栩如生，也極富創意

效果。這裡不只有賞景、用餐，也涵蓋了住宿、露營等服務。園區裡有 5 間手工木屋，分為 2 人、4 人、6 人、8 人與 15 人各一間，價位便宜，但沒有電視、冷氣，喜歡寧靜、崇尚自然的朋友，或許可以挑戰一下。住在這裡，除了可以享受寧靜氛圍、聽海濤的聲音外，最大的樂趣是此處幾乎完全沒有光害，夜裡滿天星斗，壯觀場面令人讚嘆！

被稱之為「牛山」，當然是個放牧的地方，當地的水牛也不少囉！常有在此露營的遊客，一覺醒來，被一群可愛的水牛所包圍，既可怕又好笑！住宿區旁也有一處草坪，主人特別養了幾頭山羊，時而可見牠們在草坪上悠閒散步、吃草的模樣。

這裡的外圍有一處大斜坡，整片斜坡鋪滿了綠色草坪，從下往上看，綠地藍天景象，構成一幅美麗的自然圖畫，令人陶醉。登上山坡，視野豁然開朗，可以眺望「換膚海灘」、太平洋，以及整個園區周遭面貌，視野真是棒極了！

主人刻意將木雕作品置放在斜坡處，還布置了一處鐘架，更是迷死一堆情侶來此朝聖。斜坡上靠近海岸的深處，主人理出一處平台，將之取名為「夢想

1. 牛山呼庭台 11 線入口　2. 牛山呼庭車輛止步處　3. 牛山呼庭山坡上的草坪　4. 牛山呼庭夢想平台
5. 牛山呼庭台 11 線公車招牌　6. 牛山呼庭住宿區　7. 從山坡上望見牛山　8. 牛山呼庭餐廳　9. 牛山呼庭換膚海灘

平台」，在草原突起之處，靜靜地享受海風吹拂。在此無論發誓、許願，都有天和海來作證，來幫你實現；或歇息閉上眼睛，風中會有百合撲鼻的芳香。

　　園區設有一處餐廳，提供簡餐、飲料，當然這裡的重點不是美食，而是享受它的悠閒步調。主人許多木雕作品在餐廳內外陳列，多了些藝術、人文氣息。而餐廳的布置相當原民化，漂流木再生的模樣，殘缺中仍保有一份淡淡的美感，看到的人都會喜歡。餐廳窗外的牛山呼庭，展現迷人的景觀，也呈現原住民世界浪漫、灑脫的一面，來此走走，會令人感動！

牛山呼庭

○ 地址：花蓮縣壽豐鄉水璉村牛山 39-5 號
○ 電話：03-860-1400
○ 營業時間：10:00 ～ 19:00
○ 交通指南：自行開車，北往南走台 11 線濱海公路，約在 27 公里處，也就是水璉加油站過後，往前開約 5 分鐘，即可見到左側靠海路旁有一座用木頭搭成的門坊，循著門坊往山下海邊開約 2 公里路程，即可抵達。

長虹橋 · 石梯坪 · 芭崎瞭望台

沿著花蓮海岸線，我們一家四口來到俗稱「大港口」的秀姑巒溪出海口。這裡也是秀姑巒溪泛舟的終點，和縱谷線瑞穗境內的秀姑巒溪起點，正是泛舟的主要河段。

這裡的台 11 線上有座長虹橋，隔著秀姑巒溪與靜浦相望，民國 57 年建立的舊長虹橋，是台灣第一座懸臂式單拱預力混凝土橋，由遠處看，猶如一道長虹跨越山壁綠波而得名。由於交通量劇增及伸縮縫損壞，舊長虹橋不敷使用，交通部公路局遂於舊橋下游 240 公尺處，又新建全長 185 公尺的新長虹橋。

新長虹橋為配合秀姑巒溪口遊憩需要，特別在橋面上規劃腳踏車及行人專用道，並設置八座圓型觀景台，提供遊客俯瞰橋下舟艇徐徐而過、遠眺溪口鷗鳥盤旋，享受一片寧靜安祥的景象。秀姑巒溪流經舊長虹橋附近，溪面豁然開闊，河床上散布著俗稱帝王石的巨型石灰岩，經年受水沖蝕，構成造型千奇百怪的「萬物相」奇石景觀。由於這種岩石潔白如玉，因此又贏得「秀姑漱玉」的美名，大港口附

近有遊艇供遊客溯溪賞石及安排專人帶領觀賞洄游生態遊程。

　　再往北走，我們來到慕名已久的石梯坪。石梯坪位於花蓮豐濱鄉石梯灣的南側尾端，清朝光緒年間，統領吳光亮率兵開路，在這裡看見沿岸岩盤突伸入海，長短不一，像一排排階梯，於是將其命名為石梯坪。這裡是花蓮海岸線，占地比較空曠的遊憩區之一，附近還有遊客中心、民宿、餐廳、露營區，設施相當完善。遊客在遊覽石梯坪前，建議可以先到東海岸風景區管理遊客中心，透過展示室的解說設施，了解此處的地質特色、動植物生態，再沿風景區的環狀步道實地觀察，或是登上17公尺高的單面山，不僅可飽覽石梯坪的地質景觀，眺望藍天、大海，還有漁民在海中捕魚，漁船載浮載沉的景象，而且太平洋的壯闊浩瀚景象也能盡收眼底。

　　這天來正好是颱風過後，接近傍晚時分，天空有些灰濛濛，視線不是很好，沿路的林投樹引起我的回憶。小時候都會拿著割下來的樹葉，做出自己喜愛的動物造型或是吹奏的葉笛，輕輕地吹奏出聲音。

1. 長虹橋
2. 長虹橋下秀姑巒溪出海口
3. 石梯坪
4. 石梯坪步道

　　石梯坪是一個面積極大的海岸階地，海蝕地形十分發達，海蝕平台、隆起珊瑚礁、海蝕溝、海蝕崖等觸目皆是，尤其是壺穴景觀堪稱台灣第一。海底蘊藏著豐富的珊瑚礁群和熱帶魚群棲息，潮間帶上與壺穴形成的潮池，生長著各式各樣的海藻、魚蝦、貝類等海洋生物，成為潛水及磯釣的絕佳場所。帶著孩子來此，很輕易便能發現貝殼蟹，驚奇的笑聲響澈海岸！

　　離開石梯坪，再往北走，來到一處小型遊憩區，名為芭崎眺望台。此處小巧清幽，卻擁有極佳的視野，可以清晰、完整的欣賞美麗的磯碕灣，看盡海天一色的景象，也是暢遊花東海岸不可錯過的短暫休息站。

1. 石梯坪木棧道　2. 石梯坪　3. 石梯坪海景　4. 石梯坪壺穴景觀　5~6. 芭崎眺望台

玉長公路・八仙洞・北迴歸線紀念碑

花蓮

循著 193 縣道不需經玉里市區，其實從距離來看，路途不見得比走台 9 線短，但因沿途車輛少，又沒什麼紅綠燈，因此走來順暢許多。193 縣道的終點正好接台 9 線，再往南走不遠，過了安通橋左轉接玉長公路，途中有著名的安通溫泉區，續行約 6 公里便來到玉長隧道西出口。玉長隧道全長 2,660 公尺，貫通花蓮縣富里鄉與台東縣長濱鄉，大大縮短兩地距離，對於兩地觀光業與交通運輸上貢獻卓著。

從玉長公路經由玉長隧道穿越花東海岸山脈，大大縮短兩地間的距離，加上路況還不錯，10 幾公里的車程，很快便從西邊來到東海岸，首先抵達的是長濱鄉的八仙洞。長濱鄉的地理位置和花蓮縣玉里鎮相鄰，緯度幾乎一樣，但卻隸屬台東縣政府管轄。長濱與成功是台東縣南北狹長地形中，兩個特別凸長的鄉鎮，因為靠海，所以把花蓮縣的玉里、富里兩個鄉鎮擠到內陸鄉鎮去了！

長濱鄉境內，目前大都是阿美族原住民所居住，對我而言，八仙洞算是舊地重遊，念大

學時環島旅遊來過一次，印象很深刻，這次來感覺變化不大。八仙洞位於台灣東部海岸中點，橫亙的岩壁陡峭直上百餘公尺，氣勢磅礴壯麗，岩壁上並散布許多海洞穴，景觀特殊，加上台灣最早的史前文化遺址在此發現，也讓這裡充滿神奇傳說。

八仙洞設有遊客中心，一旁有展示館，展示史前文化介紹資料，介紹八仙洞的成因及史前人類生活型態，可讓參觀者在走訪各洞穴前，能對八仙洞的歷史與文化有深入了解。另一旁設有另一個展示館，介紹長濱文化及當地原住民生活歷史。長濱文化屬

1. 玉長隧道
2. 玉長隧道口
3~4. 八仙洞
5,8. 北迴歸線紀念碑
6. 北迴歸線紀念碑旁稻田
7. 北迴歸線紀念碑周遭景觀

於舊石器時代，當時人類還不懂得製陶，也不懂得磨製石器，他們的生活器物絕大多數是就地取材打製而成，少數是用獸骨製造。

綿亙狹長的岩壁，隱藏著 11 個洞穴，有步道可以繞行一周，每個洞穴幾乎都供奉道教神明，感覺明明是官方遊樂區，怎麼會有這麼多類似廟宇分布於此？看來有些突兀。

離開八仙洞，繼續往下一個目的地：北迴歸線紀念碑前進。紀念碑所在地位於花蓮縣豐濱鄉，剛好在北緯 23 度 27 分 4 秒 51 上。紀念碑背山向海，附近是一處空曠的台地，前方便是台 11 線花東海岸公路，遼闊視野讓人有心曠神怡的感受，仔細看，這裡和鵝鑾鼻附近的地形、環境感覺有些相似。在此稍作停留、拍照，可以想像被北迴歸線劃過身體的感覺，非常奇妙而且具有紀念性！

小時候讀地理課，知道北迴歸線是台灣水稻一年二熟與三熟的分界點，仔細瞧，北迴歸線紀念碑旁正好分布不少水稻田，您可以探詢這裡種植的水稻，一年到底可以二熟或是三熟？

石雨傘漁港，天然海水游泳池

和軍艦、鯨魚一起游泳

在台灣成功鎮一處小漁港裡，您可以看到驚為天人的天然海水游泳池，也只有在成功的這個小鎮上，才有絕佳的機會領略這樣的私房景點。這裡原本的海灘綿延未被漁港的水泥設施阻隔，政府鋪設碼頭設施，也破壞了海灘的生態，說來真的很可惜。小漁港已經沒什麼漁船在此出沒，漁港旁的小部落大都住阿美族原住民，部落不大，人煙僅剩下幾個老弱婦孺，漁港裡也只停留一兩艘竹筏，幾乎沒什麼捕撈活動。

漁港不大，但是得天獨厚被幾座礁岩圍成一處半封閉的海灣。這些礁岩中，有的長得像軍艦，有的長得像鯨魚，大礁岩上還長出像雨傘的小礁岩，令人嘖嘖稱奇。幾乎可以清澈見底的海岸，足以媲美紐西蘭，讓人讚嘆！

眼尖的遊客，在這裡可以抓到幽靈蟹和寄居蟹，幽靈蟹爬行速度相當快，當海水來的時候便很快潛入沙堆裡，所以要抓到牠並不容易；但是

來這裡遊玩的朋友，還是要有愛護生物與生態的觀念，不要帶走這些蟹類，讓牠在大自然裡快樂成長。

從山裡流出來的溪水本身便是清澈、未受汙染，所以入海後，海水同樣清澈見底。就這樣，這處小小的港灣，有著天然的屏障，成為一處絕妙的海水游泳池，有福者才能享受這樣的天然資源。在這裡游泳安全性高，海浪沖擊小，簡直就像是祕密桃花源，第一眼看到的大人、小孩都樂歪了！

礁岩與礁岩中有小小的缺口，讓海水有喘息的機會溜到海岸來，數萬年來生生不息，塑造這美麗的景觀。這裡是台東阿美族原住民的領地，但是百年來，漢人（閩南人、客家人、外省人）陸續移民進來，大家和平相處，種族融合、樂天知命，守護著自己的土地。外地人來這裡，可以看到的不只有美麗的風景，還有更多文化底蘊、濃厚人情與深刻感動。

石雨傘漁港
○交通指南：自行開車北往南，省道台 11 線 105.5 公里處左右，靠海方向駛入民宅小徑，可通往漁港。

三仙台風景區

美麗的台灣淨土

三仙台是由離岸小島和珊瑚礁海岸所構成，島上布滿奇石，其中有三塊巨大的岩石，傳說呂洞賓、李鐵拐、何仙姑曾登臨此島，因而得名。三仙台島原是一處岬角，因海水侵蝕逐漸斷了岬角頸部，成為離岸島。過去想參訪三仙台的遊客只能利用退潮時，涉水而過，1987 年完成八拱跨海步橋，外觀似波浪造型，乍看下，宛如一條巨龍伏臥海上，銜接三仙台和本島，已成為東海岸著名地標。來三仙台探索，若只是走馬看花，很難體會這裡的生態與自然環境的美妙，不管在海岸這端或是三仙台島，沒有花至少半天的時間，應該稱不上來過三仙台。

三仙台風景區算是東部海岸熱門景點之一，每到假日都可見阿美族原住民的舞者表演，增添當地熱鬧氣氛。開著車進入停車場，便可見到這塊外型像是一艘

1. 鐵達尼礁岩　2. 白水木　3. 台灣糠榔

船的大礁岩，陪同我前來的友人將它取為鐵達尼號。

　　當地植物資源相當豐富，像是白水木就是生長在當地的稀有植物。白水木的木頭質地很輕，是製作潛水鏡的最佳材料，靠海地區漁夫都會以白水木樹幹製作潛水鏡捕魚，也以其毛茸茸的淺綠葉子當成擦拭潛水鏡的用料，下水之前擦拭潛水鏡才能清楚看見水中的熱帶魚。

　　外觀看來鬚鬚的菟絲子，俗稱無根草，可當作藥材，它是寄生在灌木叢的寄生植物，寄生是為了吸取陽光和雨水，還有被寄生植物的營養。海埔姜同樣可以當草藥，漢人以其根莖

燉煮肉類，當成增強筋骨的藥材，居住在
台灣沿海的原住民則用來當成茶飲。

草海桐

台灣糠榔常見在東海岸綠島、蘭嶼及
墾丁一帶，但因成長不易，目前已瀕臨絕
種。每年結實纍纍的果實由綠轉為紅色，
還可以當成食物。草海桐具耐風、耐潮及
抗旱特性，被視為沿海地區重要的防風、
定砂植物。看看他的花瓣相當優雅，花朵只開了一半，據說這樣方式最適合蜜
蜂授粉。

「土丁桂」別稱人字草；應屬於台灣南部、東南部，以及附近離島濱海地
區常見的植物，而且多生長在沙質水邊及乾燥草地，為草藥的一種。

三仙台風景區內，有許多造型奇特的岩石與精彩珍貴的海蝕地形，即使不
用跨過拱橋到三仙台島，在海岸這頭就有眾多精彩的岩石讓您尋寶，值得細細
品味。

這裡最特別的莫過於八個拱橋連接而成的跨海拱橋，全長約4百公尺，有
如巨龍橫臥在陸地與岬角海灣之間。清早來此觀賞日出更是一大享受，金黃色
的曙光灑在跨海大橋以及太平洋，配上變化萬千的雲彩，堪稱世界級的美景！

看看拱橋下的海水，清澈見底的模樣，應該稱得上是浮潛者的天堂，如此
畫面應該只有東部海岸才能親眼瞧見，三仙台海域的海水更是令人驚豔！八拱
橋靠近海岸這一頭左側有一片海灘，海岸邊堆滿了美麗的石頭，這是花蓮七星
潭不復見的景象，在三仙台卻是俯視可得。

石頭與海為伍，有一塊海岸邊空曠的區域被友人稱之為「發洩區」，周遭
無人干擾之際，可以拿著小石頭仍向大海，發洩一下心中的情緒。這裡的石頭
各個都相當具有美感，其中不乏麥飯石、黃碧玉、粘糕玉、白玉水等珍貴寶石。
但是來到國家風景區，請愛護環境資源，不要帶走這些石
頭，否則有一天這裡又淪為第二個七星潭。

從這個區域望向八拱橋與三仙台島，角度奇佳，給
人帶來心靈的享受，儘管路途遙遠，但感覺值回票價。

海岸邊的海水依然清澈見底，宛如一塊沒有受到汙染的處女地，渴望這樣的淨土可以好好保存下去，遊客來此，千萬不要破壞！

三仙台風景區

- 地址：台東縣成功鎮三仙里基翬路 74 號
- 電話：089-854-097
- 入園門票：假日遊覽車 150 元、中小型車 50 元、機車 20 元。非假日遊覽車 120 元、中小型車 40 元、機車 15 元。
- 交通指南：自行開車，省道台 11 線 111 公里處循指標進入。搭乘公車，於台東舊火車站前搭往長濱、靜浦、花蓮的鼎東客運海線或國光客運，至三仙台站下車。

新港漁港看魚獲拍賣

旗魚多得嚇人

台東海岸公路（台 11 線上）的成功鎮舊名是阿美族語「麻荖漏」，這裡算是台 11 線海岸公路上的最大市鎮，除了成功鎮上的漢人外，鎮內其餘村落幾乎都是阿美族原住民。從花蓮沿著海岸公路一路驅車南下，您可以發現過了長濱鄉之後，一直延伸到成功、東河，整個視野變得更加美麗！海岸山脈與太平洋沿岸之間，多了一些綠帶與椰林，給人的感覺彷若世外桃源，來花東絕對不會捨棄這一段海岸。

成功鎮境內背山面海，正好位於黑潮與親潮兩股暖流及寒流必經之地，海中的浮游生物特別多，許多魚類刻意來此覓食，因此造就出成功鎮豐富的魚獲量。尤其是每年 10 月東北季風強烈來襲時，附近海域成群旗魚會浮出海面，更是蔚為奇觀！

成功漁港又稱「新港漁港」，是東海岸最重要、最大的漁港，以旗魚、柴魚等魚類為大宗，每天捕獲的魚獲，不僅供應當地需求，更銷售至全台灣，甚至外銷到日本。每年 3 月底至 6 月是成功海域漁產最豐盛的季節，傍晚漁船返港是最熱鬧的時刻。這裡每天下午 1 點拍賣小魚類，下午 2 點則陸續拍賣比較大型的魚隻，漁會熟練的工作人員拍賣的吆喝聲，夾雜著漁民們滿載而歸的愉悅表情。遊客來此除了可以飽覽漁港小鎮風光，瞧瞧有趣的魚獲拍賣過程外，還能大啖新鮮美味的海鮮料理，是旅遊玩家不可錯過的一處樂園。

　　每天中午過後，成功鎮的漁船會陸續返港卸貨，2 點開始，在漁業大樓的拍賣市場上顯得熱鬧繁忙，此刻是參觀魚獲拍賣的最佳時機！每年 11 月開始的冬季，才是旗魚最多的捕獲季節，我來的時候，雖不是旗魚盛產期，但是一走近成功漁港，仍可見尚未被拍賣的旗魚堆積如山，真的讓居住在台北的我大開眼界。

1. 新港漁港與鏢旗魚船
2. 新港漁港準備拍賣的魚
3. 拍賣魚貨情況
4. 黑鮪魚

1. 魚商拿著小叉子挖取魚肉辨別肉質 2. 新港漁港的旗魚達人

　　被捕上岸的旗魚被排成一長串，模樣就像軍隊排隊集合一般壯盛，讓人驚嘆！當地捕獲的新鮮旗魚，除了供應台灣的魚市場外，還有一部分以空運方式銷往日本，所以日本人當天享受的台灣旗魚，幾乎和台灣人同步。旗魚肉當成沙西米，據說口感相當迷人，想品嘗的朋友千萬不要客氣，來成功的各家餐廳裡，可以占得先機！

　　每隻被捕獲上岸的旗魚，都會進行過磅，並用貼紙標明多少公斤，準備待價而沽，有不少旗魚重量都超過一百公斤。然而以「流刺網」捕魚，並非健康的漁撈方式，因為它是以大小通吃的方式捕捉漁獲，對漁民比較省事，但相對魚肉品質較差，因為旗魚中網後不久便會死亡，浸泡在海上許久才打撈到船上，魚肉較不新鮮。市場上這類旗魚因肉質較差，所以都作為魚醬（丸）、魚鬆居多。

　　鏢船是靠漁民通力合作，從找魚、追魚、鏢魚一氣呵成，旗魚鏢到之後馬上撈起上冰保鮮，魚肉品質相對較佳。旗魚油質好的部位可作為生魚片或其他相關海鮮料理，所以魚販特別喜歡魚叉鏢獲的旗魚。兩者捕撈方式在價位上也

是相差甚多，而旗魚價錢最貴的季節在聖誕節與過年。

　　目前仍有部分成功漁民會以魚叉鏢魚方式來捕魚，展現了討海人力與美的結合，是成功漁港最具人文特色的傳統技藝。成功鎮上的旗魚料理更是聞名全台，旗魚肉質新鮮又彈牙，不僅口感極佳，而且在鎮上享用，更是經濟實惠，懂得品味的老饕，每年都會從台灣各地長途跋涉，前來大快朵頤。

　　成功漁港每年 11 月左右都辦理旗魚季，鏢旗魚可以讓遊客體驗漁民海上作業的辛勞，有機會跟著漁船出海也是個不錯的經驗！

　　除了旗魚之外，成功漁港還是可看到各類不同魚種，像是鬼頭刀、鰹魚、鮪魚、青花魚等，漁港內新鮮美味的野生龍蝦，以及歷史悠久，以鮪魚、鰹魚、青花魚加工製成的柴魚片也都相當有名。漁會的拍賣市場裡有位「旗魚達人」，只要他穿在腳上的雨鞋一踏某處，這個區域就是拍賣的數量，接著拍賣員開始喊價，過程中有意願的魚商就可以趁機搶標。過程中，魚商為了一探每隻旗魚的肉質新鮮好壞，都會拿著一支小叉子不停的四處挖取一小塊肉來瞧瞧，形成漁市場裡的另一項特色。

　　被魚商標到的魚都會貼上代表魚商名稱的貼紙，表示這些魚已經被某家魚商標走了。標到的魚，有些會被拖到魚市場某個角落上立即處理，準備載運銷往台灣各地。成功漁港拍賣市場裡也有不少販賣海鮮、海產、小吃的店，由於食材都是新鮮貨，口感絕對沒問題，客人都會吃得津津有味！

新港漁港（成功漁港）

○地址：台東縣成功鎮港邊路 19 號
○交通指南：自行開車，台 11 線省道為主要聯外道路，北接花蓮，南至台東約 116 公里處可轉入
　　　　　　鎮內通往漁港道路。
○大眾運輸工具：
　1. 台汽客運公司台東站通往花蓮、成功，在成功市場站下車，往漁港方向步行即達。聯絡電話：
　　（089）328162。
　2. 鼎東客運公司成功站通往花蓮、台東，以及鄰近鄉鎮，在成功市場站下車，往漁港方向步行
　　即達。聯絡電話：（089）851428。

欣賞三仙台美景！
成功漁港出海賞鯨、看日出、

很多人只知道宜蘭龜山島海域、花蓮港外海可以欣賞到鯨豚，殊不知在台東成功鎮的成功漁港也可搭船出海賞鯨豚。成功外海正是黑潮流經區域，海中浮游生物特別多，經常吸引眾多鯨豚來此聚集，而鯨豚屬於群聚性海中哺乳動物，在成功海域看到鯨豚出沒的機會相當多，這裡算是台灣賞鯨豚的最佳地點。

成功漁港有業者經營一艘「成功之星」（原海神號）賞鯨船，噸位約 20 噸，最多容納船員 3 名、乘客 48 人，船上配有先進衛星導航系統、無線電通訊系統、魚群探測通報系統、夜航系統、緊急救生設備等。船體下部採「尖頭尖底」、龍骨加重鉛、超靜音大馬力設計；上部則採「開放性空間」規劃，舟行穩固有力，最不易暈船，乘客又有良好的觀賞視野，可享受大自然海風吹拂。

參與「成功之星」賞鯨船活動，除了賞鯨豚之外，在這裡登船出海也

1. 鯨豚 2. 出海 3. 海上欣賞晨曦 4. 三仙台 5. 三仙台仙劍峽

可以欣賞日出、看三仙台及成功鎮附近陸地、海岸山脈的美景，景色要比龜山島、花蓮海域還要來得美妙！

出海欣賞日出，夏日必須 5 點前準時上船出海，所以是體力與睡眠的大考驗，住在附近民宿的遊客通常要在 4 點多就起床，盡早出門到成功遊艇碼頭集合。

這趟出海來回約 2.5 小時，先從賞日出開始，接著就是賞鯨豚、看三仙台與海岸山脈奇景，怕暈船的朋友在上船前半小時可以吞顆暈船藥，以防萬一！搭船出海賞日出，有時候要看天候條件，即使賞鯨豚也一樣，得看機率問題，但在成功外海，即使看不到日出、賞不到鯨豚，光在海上看三仙台奇景就足以讓人大飽眼福！

在海中看三仙台是台灣其他各地賞鯨點難以媲美的！在這個海域除了賞鯨，還有不少令人大開眼界的景觀，一趟旅程下來，絕對不虛此行。

天色漸漸亮了之後，海上的視野更加無敵，大海、藍天、白雲、花東海岸山脈的層層山巒，讓人著迷。從海中眺望海岸山脈中的一段山巒，帶點菱菱角

1. 鯨豚 2. 海上眺望三仙台

角，當地人稱之為「頭目山」，亦稱「印地安酋長山」，有機會登船出海，可以仔細意會一下，看看像不像頭目的臉？

離成功外海不遠，我們很幸運的看到一群鯨豚正在海中嬉戲，船上的遊客也驚叫了起來。在這裡賞鯨豚的感覺，要比第一次在花蓮外海看到的鯨豚還刺激，周遭的景觀讓人心情更加放鬆，也更投入這趟旅程！

在三仙台海域，還可以看到海上的定置網，其實這種捕魚方式，業者也有安排捕撈過程的行程，既刺激又精彩。

在海中，船長將船靠近三仙台，從不同角度看這座海上的礁嶼，也是賞鯨行程中另一個令人值得回味的精彩行程。三仙台礁嶼上的燈塔清晰可見，在這座島嶼上闢建這樣的燈塔，也算是一件浩大工程，但它對當地漁民的貢獻更值得推崇。

船長又換了另一個角度來看三仙台，從某個角度可以看到三仙台礁嶼最珍奇的「仙劍峽」，仙劍峽和太魯閣的「一線天」一樣，傳說是玉帝派李鐵拐到三仙台抓何仙姑與呂洞賓，李鐵拐手握誅仙劍往下一劈，結果就把這座島嶼劈成兩半，留下如今這般景象。

賞鯨旅程回程中，眺望成功漁港、成功鎮聚落、頭目山及海岸山脈的層層山巒，一幅美不勝收景象，讓人陶醉與不捨地結束這段旅程。

成功之星賞鯨船
○地址：台東縣成功鎮港邊路 1-4 號遊艇碼頭客服中心（成功漁港）
○客服電話：089-850-520．089-337-890
○傳真：089-850-188

新發海產店

台東成功

宋媽媽老店魅力無法擋

台東成功是東部最大的漁港，這裡位處黑潮匯流處，魚類資源相當豐富，包括每年盛產的旗魚、鬼頭刀、鮪魚等，都是令人垂涎三尺的海鮮。而來到成功，到底哪家海鮮店最值得品嘗呢？特別要推薦給大家的，當然是好貨才會告訴您囉！就是位於成功鎮上，原來的宋媽媽老店，也就是今日的新發海產店。

宋媽媽應該稱得上成功鎮上經營海鮮餐廳的傳奇人物，位於成功鎮中華路上的宋媽媽海鮮料理老店，每天幾乎都是高朋滿座，許多慕名而來的遊客，就是專程要來吃這家海鮮料理店的精緻美味。走進店裡，包括牆壁、天花板，所有可以簽名的地方，幾乎完全沒有空白處，全都被來店用餐的顧客簽名光了！後來的顧客想找個空隙簽名，都相當困難。如果你仔細找找，還能找到很多名人也留下筆跡唷！這裡面當然也有 Clare 的簽名。

光看這種簽名的陣仗，就知道這家店受歡迎的程度，牆壁上密密麻麻的簽名，應該是台灣之最，令人嘖嘖稱奇！宋媽媽年紀看來應該有 80 歲，但身體還是很健朗，店面目前仍由宋媽媽經營。除了宋媽媽女兒外，也請了一些廚師和婦女幫忙，她則從旁監督，目前仍然每天在店裡和客人敬茶、寒暄，讓人感覺好親切！

宋媽媽

這裡的海鮮不僅新鮮，廚師烹調技術更令人佩服，店裡的每一道菜色，都是都市人不見得吃得到的美味。不管是曼波魚皮、醃山豬肉、生魚片、鯊魚肉、石斑魚腸、海菜、吻仔魚海菜湯、魚骨湯，都令人吃得津津有味、回味無窮。

生魚片是這裡的特產，敢吃生魚片的朋友來到宋媽媽的店，絕對不能錯過。採自馬武窟溪河口的海菜，則是當地才吃得到的稀有海菜，即使來到店裡，也不見得可以吃到，能吃到算是福氣啦！所以要記得詢問。

新發海產店（宋媽媽老店）
○地址：台東縣成功鎮中華路 193 號
○電話：089-851-671

東海岸風景區管理處——旮亙樂團

交通部觀光局東部海岸風景區管理處設在台東縣成功鎮都歷部落，這是海岸阿美族聚集的部落。一如台灣其他地區的風景區管理處，這裡除了辦公處所外，也會闢建廣闊的休閒區供遊客參觀、走訪。東部海岸風景區管理處特別針對當地文化特色，成立了阿美族民俗中心，中心內設立阿美族的傳統住屋、表演場、射箭場、鞦韆場及飾品展售間等，成為東部海岸風景區管理處最吸引遊客的一處景點。

這裡的表演場是旮亙樂團長期進駐的地方，樂團以打擊、吹奏為主，成員都來自於都歷部落的兒童、青少年。這群阿美族孩子生動獨特的演奏方式，經常受邀國家音樂廳表演，所以來這裡聽旮亙樂團表演，等於擁有國家級的規格。

海岸阿美族人日常生活中幾乎與竹子劃上等號，包括最常用的建築材料、日常生活用品、甚至吹奏的樂器，幾乎都是取材於竹子。旮亙樂團名稱「旮亙」，其實就是傳統樂器「竹鐘」

阿美族民俗中心表演場

　　的族語，是來自於部落傳統的習俗。而旮亙樂團的成立，就是為了傳承這些樂器，找回失傳的部落樂器，重現古老、美麗的樂聲。

　　阿美族的傳統樂器最早並非純為演奏之用，其實大都是來自於生活上的需要，包括用竹子敲打的聲音嚇走飛禽走獸或作為訊號聯絡。而隨著日常生活的改變，這些樂器也因缺乏使用而漸漸失傳。旮亙樂團裡許多竹製樂器，幾乎都是這些孩子們親手製作的，事實上阿美族擁有四十幾種傳統樂器，但目前除了口簧琴之外，幾乎都已失傳。

　　鼻笛表演是旮亙樂團精彩項目之一，當初為了製作鼻笛，樂團團長還拜訪各大文化研究機構，好不容易在台東縣政府的文物館發現一個鼻笛，仿製後，研究吹奏方式與技巧，才有今天大家聽到的動人鼻笛聲。

1. 東海岸風景區管理處：阿美族民俗中心　2. 阿美族民俗中心射箭場　3. 旮亙樂團演奏　4. 阿美族民俗中心傳統屋
5. 阿美族民俗中心原住民藝品展售區　6. 旮亙樂團團長　7. 傳統屋內部　8. 阿美族民俗中心小朋友施放竹炮
9. 旮亙樂團鼻笛演奏

看到由都歷部落的小朋友、青少年組成的旮亘樂團表演，了解其背後故事者，總是令人感動不已，因為這樣的演出，正是維繫著文化的傳承，這是何等高尚的表演。我到訪時，樂團演出是每天上午 11 點及下午 3 點各一場，寒暑假期間則視客人多寡，隨時表演。來這裡聽完演出，別吝於給樂團一點小小的鼓勵，將您的鼓勵金放入竹簍子裡。

暑假期間來到民俗中心，會聽到都歷部落的小朋友們，熱情地為您獻上竹筒砲。園區內還有設立射箭場、盪鞦韆場，玩一次 50 元，作為樂團的基金。展示間內販售許多部落族人的編織作品，也歡迎遊客選購。這裡還建構了阿美族人的祭屋，家屋，廚房，養雞、豬的房舍，供遊客參觀。

園區裡的毛柿結實纍纍，愛吃柿子、柿餅的我，還是第一次看到這種品種的柿子。據說原生種毛柿主要產於恆春、墾丁一帶，毛柿的樹幹擁有和黑檀一樣的硬度，所以有台灣黑檀之稱。

東部海岸國家風景區管理處 · 旮亘樂團
○ 地址：台東縣成功鎮信義里新村路 25 號
○ 電話：0937-601434（萬 · 谷慕斯）
○ 交通指南：自行開車，省道台 11 線 126 公里處可抵。搭乘公車，國光客運台東站通往花蓮、
　　　　　　成功，在東管處站下車，聯絡電話（089）328162。鼎東客運公司成功站通往台東，
　　　　　　在東管處站下車，聯絡電話（089）851428。

東河部落屋

　　東河部落屋位處台東縣東河鄉台 11 線花東海岸公路 132 公里處，北往南左轉、南往北右轉，循小徑進入約 500 公尺就可以抵達。這裡彷若世外桃源般的景色，代表台灣阿美族原住民的傳統茅草竹木屋，一整列建造在馬武窟溪河口上方台地，竹屋前後遍植椰子樹。來到這裡可以深刻感受熱帶國家的氣候環境，還能體驗阿美族的文化特色，更巴望著可以吸一口樹上的椰子！

　　東河部落初名「瑪路阿瀧」，依馬武窟溪得名。馬武窟溪即是當地原住民語「瑪路阿瀧」，阿美族人初抵這條溪流時，見溪水湍急瀧瀧作響，於是將此地命名為「瑪路阿瀧」。日本統治台灣期間，將此地改名為「馬武窟番社」，台灣光復後，正式命名為「東河村」。

　　東河部落屋現址是由瑪路阿瀧文化發展協會所經營管理，這裡除了做為遊客體驗阿美族傳統建築與文化外，還經營住宿、原住民風味餐、竹筏遊馬武窟溪等，是一處讓遊客可以接觸大自然，又能了解阿美族文化的休閒聖地。每年 7 月初至 7 月中旬是阿美族豐年祭，遊客若能來花東地區拜訪，

肯定會有更多深刻、有趣的體驗。

　　初次踏進這塊布滿椰子樹、綠油油草坪、充滿涼意的境地，第一眼就愛上她了！尤其是炎炎夏日，看著樹梢上的椰子結實纍纍，真想拿梯子去摘下來喝。

　　這裡原是一塊雜草叢生的椰子林，鄰近東河橋遊憩區，也是遊客及衝浪者通往馬武窟溪口必經之路。當初建造東河部落屋，主要仰賴部落族人合作無間興建，建築素材的搜集，像是蓋屋頂的茅草尋找不易，還費了一番功夫才採集到；而表現傳統住屋特色的竹子，是住屋建材中最主要的素材，建造中被大量使用。茅草竹屋裡可以看到阿美族人的傳統床鋪、接待屋、廚房等，也利用了不少漂流木作為裝飾與利用素材。

　　提供遊客住宿的房間相當寬廣，也非常有原民風，內部的舒適性，讓人完全顛覆想像。孩子來到這裡，爬樓梯就像爬樹一般，彷彿發現了新大陸，充滿樂趣！

1. 東河部落屋涼亭
2. 東河部落屋接待屋、傳統床鋪
3. 東河部落屋餐廳
4. 東河部落屋客房
5. 當地原住民製作的竹筏

　　部落住屋外還蓋了一座涼亭，從涼亭可以俯瞰馬武窟溪與太平洋的匯流處。馬武窟溪也是瑪路阿瀧文化發展協會提供遊客搭乘竹筏的地點，這條溪是當年阿美族人的主要漁場，溪水清澈時，可以用肉眼看到溪中豐富的魚群。

　　馬武窟溪沿途景色宜人，還與山壁切割出泰源幽谷，搭竹筏欣賞馬武窟溪的美，會令人感動！竹筏也都是部落族人親手製作的，牢靠又實用，對阿美族原住民而言，製作這些竹筏一點也不困難。

東河部落屋（瑪路阿瀧文化發展協會）
○ 地址：台東縣東河鄉東河村台 11 線 132 公里處左轉進入（北往南）
○ 電話：089-896-183
○ 體驗活動：傳統竹筏遊馬武窟溪、原味美食、住屋體驗（請事先電話預約）

都蘭山寶石館
都蘭月光小棧‧新東糖廠‧

月光小棧為電影「月光下，我記得」的拍攝場地，這是一棟傳統日式風格的建築物，據悉是林務局的財產，目前租給私人經營咖啡簡餐。月光小棧一樓不定期有藝術家的作品展示，二樓室內則仍保留電影拍攝時的劇照及道具，二樓室外長型陽台有長條座椅，可以坐在這裡眺望廣闊、美麗的太平洋，帶著浪漫的氛圍。

假日接近傍晚時分，這裡經常有當地愛好音樂者演唱浪漫悅耳的歌曲，彷彿世外桃源，有幽古的風情、浪漫的氛圍，還有美妙的音樂。儘管我在這停留的時間很短，但懷抱瞻仰的心情，感受東部美麗視野，仍覺不虛此行！

離開月光小棧，來到台11線旁的都蘭新東糖廠，這是個很特別的私人糖廠，昔日是台灣最大紅糖生產工廠，如今糖廠已不再生產紅糖，廢棄的廠房轉而租給當地民眾及原住民藝術家做為咖啡廳、餐店、手創藝術品展示、展售的場地，因此這裡又被稱為紅

都蘭月光小棧

1~3.都蘭月光小棧　4~5.新東糖廠　6~7.都蘭山寶石館

糖文化園區。幾年經營，都蘭新東糖廠集合眾多藝術家的巧思，充分將空間規劃為處處布滿藝術氣息的環境，周末則提供遊客體驗地方部落文化、藝術團體演出及原住民的傳統美食，成為東台灣新興藝術工作者的搖滾舞台。

　　熟悉又著名的都蘭書包，在這裡的藝品小店也可以買得到。糖廠內靠近台11線路旁角落上有一棟舊建築，內部展示著當地藝術家的木雕作品，木材大都是利用漂流木就地取材，作品充滿藝術氣息，展現原住民朋友對於藝術創作的天分。

　　最令人感興趣的莫過於用樹皮做成的樹皮帽與樹皮書，原住民藝術家利用樹皮巧思創作的樹皮作品，不僅於國內，在世界上也算是一絕，製作的技術值得加以保存延續。

離開都蘭新東糖廠，我繼續前往「都蘭山寶石館」，來一趟寶石 DIY。「都蘭」一語源自於阿美族語，原意為很多石頭的地方，這裡早年盛產藍寶石，有寶石原鄉的美名，來都蘭若是不玩寶石，便缺乏深刻體驗都蘭歷史的意義。

寶石 DIY 活動會由擁有數十年寶石製作經驗的主人親自指導，從挑選玉石、切割、設計、成型、研磨、拋光到組合等步驟，主人會讓遊客親手完成與自己速配的玉石。

當然，寶石的價錢是有分等級的。一顆寶石必須經過外皮的切割、設計形狀，成型後還必須多次研磨、拋光，最後要讓一顆石頭變成閃亮的寶石，除了要有耐心、技術外，還要有充足的時間，所以寶石館的主人經常來左巡右看，必要時還要幫忙客人修正一些錯誤的動作。而最後研磨、拋光、鑽洞、穿線打結的動作，也大都要委託主人夫婦的巧手，遊客才能製作出一顆漂亮的寶石。

寶石製作過程最少要花上 90 分鐘，寶石館的夫婦相當熱情，適時協助，讓來這裡 DIY 的朋友玩得欲罷不能，當完成一顆自己親手製作的寶石後，個個眉開眼笑，真是樂不可支！寶石館鍾老闆說，18 年來他只換過 500 多張左右的砂紙，平均一張砂紙可以磨出 100 粒寶石，技術堪稱一流。

都蘭月光小棧 · 新東糖廠 · 都蘭山寶石館

○交通指南：自行開車，省道台 11 線海岸公路 146 公里處台灣中油東展加油站斜對面可抵都蘭山
寶石館（電話：089-531565）。台 11 線 146.5 公里處都蘭郵局旁小巷往山裡走，沿
途會經過都蘭石棺及石壁遺址，循指標可抵月光小棧（電話：089-530012）。台 11
線 146.7 公里處路旁可見新東糖廠。

伽路蘭遊憩區

看海、沉思

伽路蘭遊憩區位於台東小野柳北方約 1 公里處，是個新興的遊憩區。特色在於可以欣賞從小野柳、都蘭灣一直到都蘭鼻的海岸景觀，還可仰望台東最迷人的都蘭山。這裡還有相當多的露天漂流木作品展覽，遊憩區內有大片草坪、休憩涼亭、解說站、觀景台，不但提供了海岸旅行的休息站，也是個拍照取景的好地方。

遊憩區面積約 3.2 公頃，原為空軍建設志航基地機場時的廢棄土堆放區，後由東海岸風景區管理處撥用作為苗圃，經多次規劃整理後，成為現在的伽路蘭遊憩區。

這裡給我的感覺很像花蓮的七星潭，只是七星潭有一大片的沙灘，伽路蘭遊憩區則屬於岩岸地形，無法享受漫步在海灘、撿拾石頭的浪漫與樂趣。然而台東海岸線的海象比較不穩定，海浪衝擊的層次分明，被衝起的浪花與捲動的潮水劃出一波

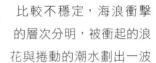

波精彩的水舞，靜靜地坐在海岸邊，從高處欣賞潮水的變化，更能讓人看見大海的美妙！

　　這裡的自然景色秀麗，處於臨界山海之間，白天風光壯麗、視野遼闊，傍晚來此，可以見到彩霞滿天景象，晚上更是最佳賞星、觀月、聽濤所在。這次來已屆傍晚時分，天空籠罩些灰暗的白雲，涼爽的微風褪去台東白天炎熱的天氣，更能感受伽路蘭遊憩區的迷人之處。

　　農曆年節來此，經過台東市走濱海省道北上，過了富岡漁港不久，發現遊客全都擠進小野柳風景區的停車場，卻不知道往北約 1 公里處，還有這麼一處美麗、廣闊的遊憩區，這裡便是伽路蘭，在舊地圖裡，甚至還看不到這處新遊憩區的蹤影。就因如此，遠離了小野柳風景區的擁擠，來到這裡擁有多餘的停車位、遼闊的視野，還能見到美麗的大海。在伽路蘭，讓我充分感受到台東的自然、純樸與遼闊帶來心靈的平和，這裡看到的一切正是台東的翻版，也是台東人的性情！

伽路蘭遊憩區

○ 交通指南：自行開車，伽路蘭遊憩區位於台東小野柳北方約 1 公里處，也就是台 11 線 157.5 公里處。搭乘公車，可搭鼎東客運海線班車在伽路蘭遊憩區站下車後步行前往。

森林公園‧琵琶湖

台東市

　　台東森林公園靠近台東市區、馬亨亨大道上，進入森林公園不需收取門票。森林公園大門外有免費公用停車場，大門入口前左側有租車中心，大人、小孩的單人腳踏車、協力車均有，以 3 小時為單位，單人腳踏車每台 200 元左右、雙人協力車每台 250 ～ 300 元。

　　一踏入森林公園，可見一片大草坪，綠草如茵、林木成蔭，處處充滿著涼意，非常適合在這裡野餐、玩飛盤、休息、小憩。園區中心大都鋪上紅色柏油路，路況寬敞、平坦，春秋之際來此騎單車，涼風徐徐，相當舒服與享受。區裡沿著柏油路，遍植各式樹種，其中尤以木麻黃最為茂密與高大。森林公園靠近海邊，木麻黃是當地栽種的主要樹種，因樹木高聳、枝葉繁茂，加上樹葉顏色綠中偏暗，所以早期的森林公園都被稱之為「黑森林」。騎著單

車行走其間，有如穿越綠色隧道，涼風吹來、樹枝搖曳，充滿舒適與感動。

　　森林公園內有連通的兩個湖泊，稱之為「鴛鴦湖」，此地景色宜人，視野遼闊，藍天、白雲屢屢交錯，美景天成、令人稱羨。騎著單車到此小憩，取景拍照、情侶談情說愛，環境優美而浪漫，讓人讚嘆不已、流連忘返。

　　如果覺得森林公園騎單車不過癮，還可以經由公路下的涵洞，往另一處美麗的單車園區，造訪琵琶湖。琵琶湖是由兩面大小湖水串連而成，因形狀恰似琵琶，而取名為琵琶湖，其形成原因是由卑南溪地下湧泉不斷冒出，加上出海口被沙嘴阻擋，於是形成琵琶湖。

　　這裡有清澈的湖水，靜謐的環境氛圍，湖邊設有原木棧道、環湖步道、觀景水榭等設施，而湖邊成排的木麻黃與木造涼亭，將此地營造出一種清幽之美。在攝影師的眼裡，這裡是捕捉異國風情照片的最佳拍攝地，來此除了心底的讚嘆聲外，還有視覺上充分的美感享受。

　　琵琶湖單車園區同樣種植不少木麻黃，單車騎乘其間相當涼爽，令人陶然。

離開琵琶湖，還可以接通台東濱海公園，這裡有許多原住民創作的漂流木作品，賞心悅目，值得停留欣賞。

森林公園 ‧ 琵琶湖

○ 交通指南：自行開車，從台東車站前往，請走馬亨亨大道。從台11線濱海公路前往，則從光復路轉入市區，同樣走馬亨亨大道可抵。搭乘公車，於台東舊火車站搭乘前往成功的鼎東、花蓮、國光客運，在榮民醫院站下車，步行至中山路盡頭即可抵達。

1~2. 琵琶湖 3. 森林公園與琵琶湖間自行車道

牛頭山

感受 360 度被大海環繞的感覺

踩在牛背大草原，

牛頭山位於綠島的東北角，從南寮漁港往北走，循著環島公路，會經過鄉公所、綠島遊客中心、中寮村、柴口、公館村、綠洲山莊，便可以來到牛頭山。這裡以前還是軍方操兵的地方，現在綠島的軍人都已撤離，除了留下 40 餘名空軍外，現在已不見軍人的蹤跡，所以牛頭山現址仍遺留一些廢棄的工事。

初次踏入牛頭山，乍看下有點像陽明山擎天崗的感覺，但是只要拜訪後，你一定會發現這裡比擎天崗的視野漂亮多了！從入口處遠望牛頭山，感覺有點遠，其實綠島的山頭乍看下的感覺都有點遠，但實際走一回，你就會發現並不遠。

往牛頭山的路上，有一段木棧道，兩旁都是林投樹，在綠島，林投樹壯觀景象，肯定是台灣本島望塵莫及。走過這段木棧道，你會發現，牛頭山已近在咫尺，山頭上還有軍方遺留下來的碉堡，路途中還可以看到一具牛頭，實在有些驚悚。

　　綠島最常見的野放山羊，總是在島上山崖邊的草原上可以瞧見牠們的蹤影，草原、山羊，搭配美麗、乾淨的大海，這真的是非常特別的景象。

　　在牛頭山攻頂是一件簡單的事，路況並不難走，站在頂上，可以 360 度超大視野享受被大海環繞、海風吹拂的感覺。爬上山頂，你會感覺特別興奮，因為這裡的觀景角度、景致實在太美了，有點不費吹灰之力便能領略這美麗景色的心虛。

　　眺望綠島北海岸海岸線，可以看到公館村與綠洲山莊。綠洲山莊就是國防部的感訓監獄，海水湛藍，美景如畫，享受綠島的黑潮海風 SPA 也是件樂事。

　　往牛頭的方向看，成群的羊群在山崖邊吃草，這般畫面，彷彿來到異國，令人心裡讚嘆與雀躍！站或坐在這裡，往西邊方向，是綠島欣賞夕陽的極佳地點。而像將軍一般奔馳、吃草的山羊，在綠島的地形與美麗景致襯托下，更是美妙！這是綠島特有的絕妙景象。

　　遠方突起的礁岩，看來有點像是牛角，可惜來此之前，因為天氣的關係，沒有把從遠方眺望牛頭山的全景拍下，否則更能一窺牛頭山到底像不像牛頭？

　　結伴繼續往山的東北方向走，冬天的草坪有些泛黃，其實這一大片草原在春、夏時期可是綠油油一片。對面海面上的樓門岩，若從海上角度觀看，可以看到岩石中央有一個大岩洞，傳說中，這塊大礁岩曾是海盜聚集的地方。

　　在草坪上經常可發現被挖出一個大洞，很多人並不知道這個洞到底是怎麼一回事？其實這是當地的野牛為了戲水所鑿出的大洞，等待下雨時，水分儲存在這個洞裡，牠們便可以享受戲水的樂趣，顯然這些牛都屬於水牛，特別愛戲水。

朝日溫泉‧帆船鼻

朝日溫泉是綠島最著名的景點，位於綠島東南方環島公路上，緊鄰「帆船鼻」。由於溫泉面向東方，泡湯之餘還能同時欣賞日出，因此被稱為「朝日」，這是台灣唯一，也是與日本九州、義大利北方，世界三處海水溫泉之一的世界級景點。

朝日溫泉在日據時代稱為「旭溫泉」，原名「滾水坪」，泉質澄澈透明，溫度約在攝氏 60 度，屬略呈酸性的硫酸鹽氯化物泉，無濃烈硫磺味，泡後皮膚光滑不黏溚。由其產物及所在地點推測，應是海水或部分地下水滲入地底下，受到綠島火山殘餘岩漿的熱量加溫後冒出所形成，是屬於世界級的鹹水溫泉。

朝日溫泉是公共財產，全綠島只有這一處溫泉區，目前由交通部觀光局東海岸國家風景區管理處委託民間公司經營管理。

1. 朝日溫泉海水溫泉池　2. 朝日溫泉冷水戲水、游泳池

朝日溫泉景致

以往東管處在濱海處的溫泉源砌有三處圓形露天溫泉池與觀景步道，每個浴池的溫度皆不同，遊客來到這裡可依自己的喜好做選擇。溫泉源位於潮間帶上，附近海岸一路展開都是低平、坑坑洞洞，曲折的裙狀珊瑚礁岩，潮間帶生物在此相當活躍，經常可看到魚蟹。

此外，還有適合夏天使用的冷水戲水、游泳池，戲水兼看海景，是件很浪漫的事。冬日海風、下雨或怕寒冷的話，朝日溫泉區也有一處室內溫泉池，是引海底溫泉過來的。另外，還有一處涼亭式溫泉池，面積比較小些，連國外的遊客都很愛！

濱海區裙狀礁岩處設有溫泉煮蛋區，由於是乾淨的鹹水溫泉，煮蛋10分鐘、煮蝦5分鐘，熟物都相當好吃，讓人讚不絕口。經營朝日溫泉的公司陸續會將溫泉引進室內區，規劃低碳元氣，讓遊客即使在寒冬裡，也可以來朝日溫泉動手煮溫泉早餐，包括雞蛋、蝦、蔬菜等食材都由經營公司供應，遊客只要繳些許費用，便能吃到新鮮、營養、好吃的活力早餐。

來到朝日溫泉，泡完湯後，不需繳費，也可以循木棧道而上，到朝日溫泉入口處旁的帆船鼻走走。帆船鼻是一處突起約 30 公尺高的珊瑚礁海階台地，三面環海，迎面而來的東北季風與放牧羊群漫步食草的景象，形成一處迷人、有趣的草原景觀。一望無際、平緩的綠色草地與蔚藍無涯的天空，擁有「綠島地毯」的稱號。

　　走上帆船鼻步道，在草原靠近崖邊或涼亭處，可以俯瞰朝日溫泉；草原盡頭即是海崖，駐足其上，可以環視一望無際的海洋，也可眺望北面海參坪附近的奇岩異石及西面的珊瑚礁群，景致多變、美不勝收。

　　帆船鼻外海即黑潮交會處，黑潮不僅帶來豐富的海洋生物，也悄悄地讓空氣中充滿負離子能量，吹吹黑潮 SPA 活化臉上的肌膚，是很難得的體驗。天氣好的時候來，不論是駐足眺望或席地而坐欣賞海天、綠草美景，感受放鬆舒適的氛圍，都是人生一大享受。

朝日溫泉
◦地址：台東縣綠島鄉公館村溫泉路 167 號
◦電話：089-671-133
◦營業時間：5:00 ～ 24:00

國家圖書館出版品預行編目資料

沿著海濱走，台灣60個最美樂活景點／Clare 文·
攝影.--初版. -- 臺北市：華成圖書，2012.06
面 ； 公分. -- (自主行系列；B6125)

ISBN 978-986-192-141-9（平裝）

1. 台灣遊記

733.6   101005487

自主行系列 B6125

沿著海濱走，台灣60個最美樂活景點

作　　者／Clare

出版發行／ 華杏出版機構
　　　　　華成圖書出版股份有限公司
　　　　　www.farreaching.com.tw
　　　　　台北市10059新生南路一段50-2號7樓
　　　　　戶　　名 華成圖書出版股份有限公司
　　　　　郵政劃撥　19590886
　　　　　e-mail huacheng@farseeing.com.tw
　　　　　電　　話　02 23921167
　　　　　傳　　真　02 23225455
　　　　　華杏網址　www.farseeing.com.tw
　　　　　e-mail fars@ms6.hinet.net
　　　　　華成創辦人　郭麗群
　　　　　發 行 人　蕭聿雯
　　　　　總 經 理　熊 芸
　　　　　法 律 顧 問　蕭雄淋・陳淑貞

　　　　　企 劃 主 編　俞天鈞
　　　　　執 行 編 輯　李素卿
　　　　　美 術 設 計　李燕青
　　　　　印 務 主 任　蔡佩欣

定　　　價／以封底定價為準
出 版 印 刷／2012年6月初版1刷

總 經 銷／知己圖書股份有限公司
　　　　　台中市工業區30路1號　電話 04-23595819　傳真 04-23597123

阿度的店自行車人文之旅

台東三仙台店、琵琶湖店、糖廠店；台南安平店

8折 優惠券

使用說明：
1. 憑券享自行車租金（原價100元）、
   導覽人員（原價50元）8折優惠。
2. 優惠期限即日起至2012年12月31日止。
3. 此優惠券每人消費限用一張。
4. 此優惠券不得兌換現金，影印無效。
5. 不得與其他優惠方案同時使用。

台東成功之星賞鯨豚

8折 優惠券

使用說明：
1. 原價800元（成人票），憑券享8折優惠。
2. 優惠時間2012年7月1日至2012年8月31日止。
3. 此優惠券每人消費限用一張。
4. 此優惠券不得兌換現金，影印無效。
5. 不得與其他優惠方案同時使用。

花蓮海中天會館

住宿 折價券

使用說明：
1. 憑券享二人房以上折價300元、
   四人房以上折價500元優惠。
2. 優惠時間即日起至2013年6月30日止。
3. 此優惠券每人、每房消費限用一張。
4. 此優惠券不得兌換現金，影印無效。
5. 不得與其他優惠方案同時使用。

國立傳統藝術中心

入園 優惠券

使用說明：
1. 憑券享團體票價入園，並可獲傳藝粉絲一包。
2. 優惠時間即日起至2012年12月31日止。
3. 此優惠券每人消費限用一張。
4. 此優惠券不得兌換現金，影印無效。
5. 不得與其他優惠方案同時使用。

新北市港口魚舖

9折 優惠券

使用說明：
1. 憑券消費享9折優惠。
2. 優惠時間即日起至2012年12月31日止。
3. 此優惠券每人消費限用一張。
4. 此優惠券不得兌換現金，影印無效。
5. 不得與其他優惠方案同時使用。

新北市舊金山總督溫泉

泡湯 折價券

使用說明：
1. 憑券購買大眾池泡湯券者可折抵120元。
2. 優惠時間即日起至2012年12月31日止。
3. 此優惠券每人消費限用一張。
4. 此優惠券不得兌換現金，影印無效。
5. 不得與其他優惠方案同時使用。

台東成功之星賞鯨豚

地址：台東縣成功鎮港邊路1-4號遊艇碼頭客服中心
　　　（成功漁港）
電話：089-850-520
營業時間：請事先電話聯絡

阿度的店自行車人文之旅

營業時間：每天8：30～18：00

台東三仙台店
地址：台東縣成功鎮甚馨路74-2
　　　號(三仙台服務中心旁)
電話：089-052528
　　　089-052-522

台東琵琶湖店
地址：台東縣台東市南海路52之
　　　19號
電話：089-318100

台東糖廠店
地址：台東縣中興路二段191號
　　　（台東糖廠內）
電話：0963-427883

台南安平店
地址：台南市安平區安平路185號
電話：06-2222602

國立傳統藝術中心

地址：宜蘭縣五結鄉季新村五濱路二段201號
電話：03-950-7711、0800-868676
網址：art.pcsc.com.tw
Facebook：art.pcsc.com.tw/fb
營業時間：9:00～18:00
暑假期間：9:00～19:00

花蓮海中天會館

地址：花蓮縣壽豐鄉鹽寮村大橋36-10號
電話：03-867-1236、03-867-1389
網址：www.360seasky.com.tw
營業時間：請事先聯絡

新北市舊金山總督溫泉

地址：新北市金山區豐漁村民生路196號
電話：02-2408-2628
網址：www.warmspring.com.tw
營業時間：泡湯部：早上9:00～晚上12:00
　　　　　餐飲部：早上11:00～晚上10:00

新北市港口魚舖

地址：新北市萬里區龜吼里漁澳路61之1號
電話：02-2492-6102
網址：www.fishop.com.tw
營業時間：每天 7:00~22:00

☺ 讀 者 回 函 卡

謝謝您購買此書，為了加強對讀者的服務，請詳細填寫本回函卡，寄回給我們（免貼郵票）或 E-mail至huacheng@farseeing.com.tw給予建議，您即可不定期收到本公司的出版訊息！

您所購買的書名/_____　購買書店名/_____

您的姓名/_____　聯絡電話/_____

您的性別/□男 □女　　　您的生日/西元_____年____月____日

您的通訊地址/□□□□□_____

您的電子郵件信箱/_____

您的職業/□學生 □軍公教 □金融 □服務 □資訊 □製造 □自由 □傳播
　　　　　□農漁牧 □家管 □退休 □其他

您的學歷/□國中（含以下）□高中（職）□大學（大專）□研究所（含以上）

您從何處得知本書訊息/（可複選）

□書店 □網路 □報紙 □雜誌 □電視 □廣播 □他人推薦 □其他

您經常的購書習慣/（可複選）

□書店購買 □網路購書 □傳真訂購 □郵政劃撥 □其他_____

您覺得本書價格/□合理 □偏高 □便宜

您對本書的評價（請填代號/ 1.非常滿意 2.滿意 3.尚可 4.不滿意 5.非常不滿意）

封面設計_____　版面編排_____　書名_____　內容_____　文筆_____

您對於讀完本書後感到/□收穫很大 □有點小收穫 □沒有收穫

您會推薦本書給別人嗎/□會 □不會 □不一定

您希望閱讀到什麼類型的書籍/_____

您對本書及我們的建議/

[華杏出版機構]

華成圖書出版股份有限公司　收

台北市10059新生南路一段50-1號4F　TEL/02-23921167

（沿線剪下）

（對折黏貼後，即可直接郵寄）

本公司為求提升品質特別設計這份「讀者回函卡」，懇請惠予意見，幫助我們更上一層樓。感謝您的支持與愛護！

http://farreaching.com.tw　請將 B6125 「讀者回函卡」寄回或傳真 (02) 2394-9913